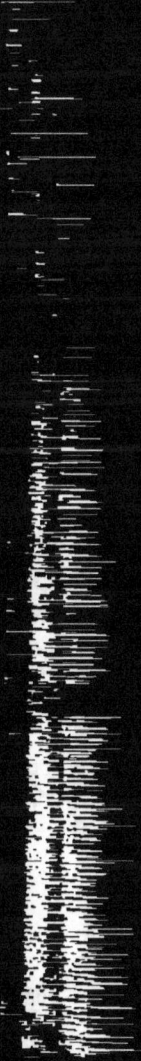

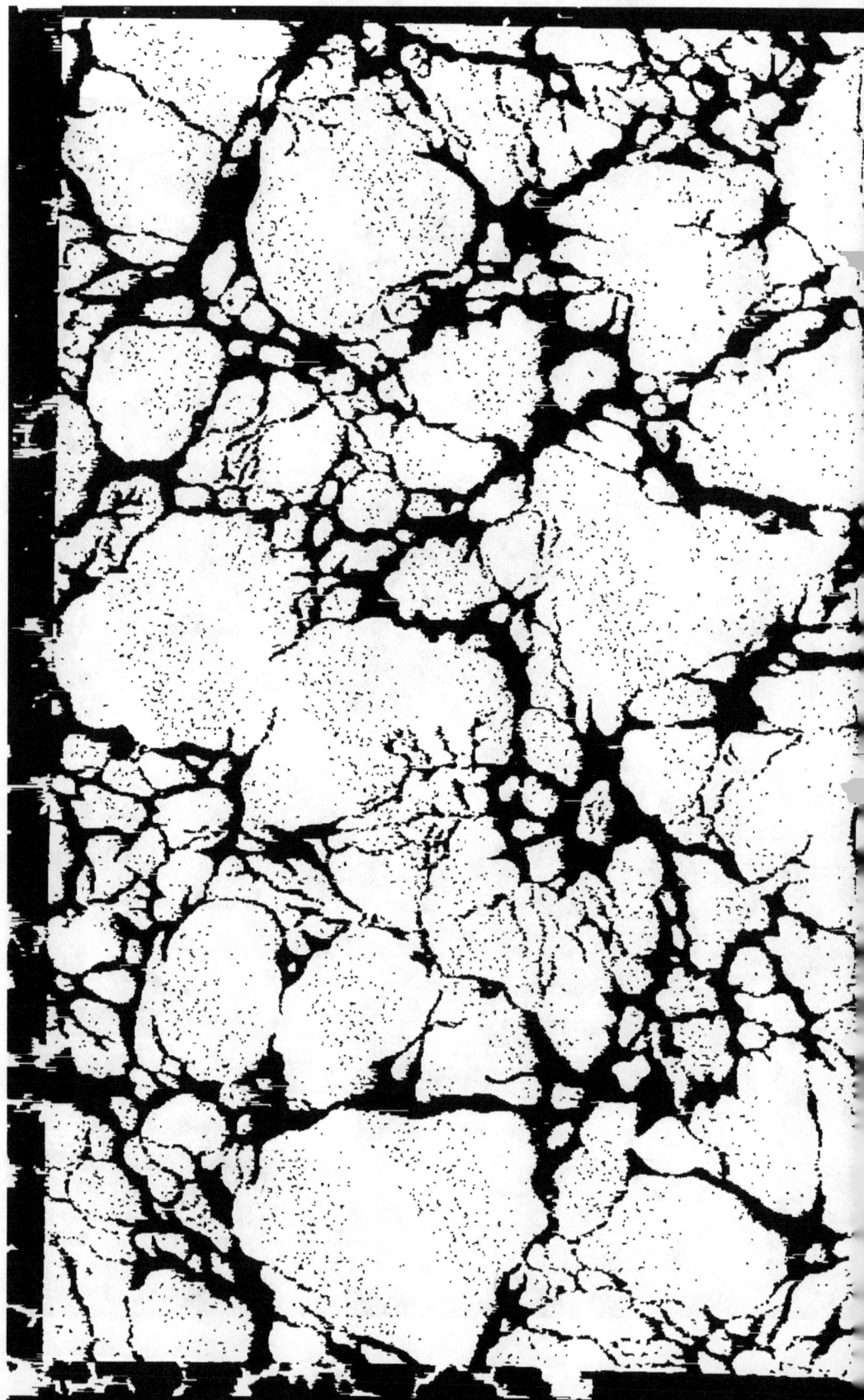

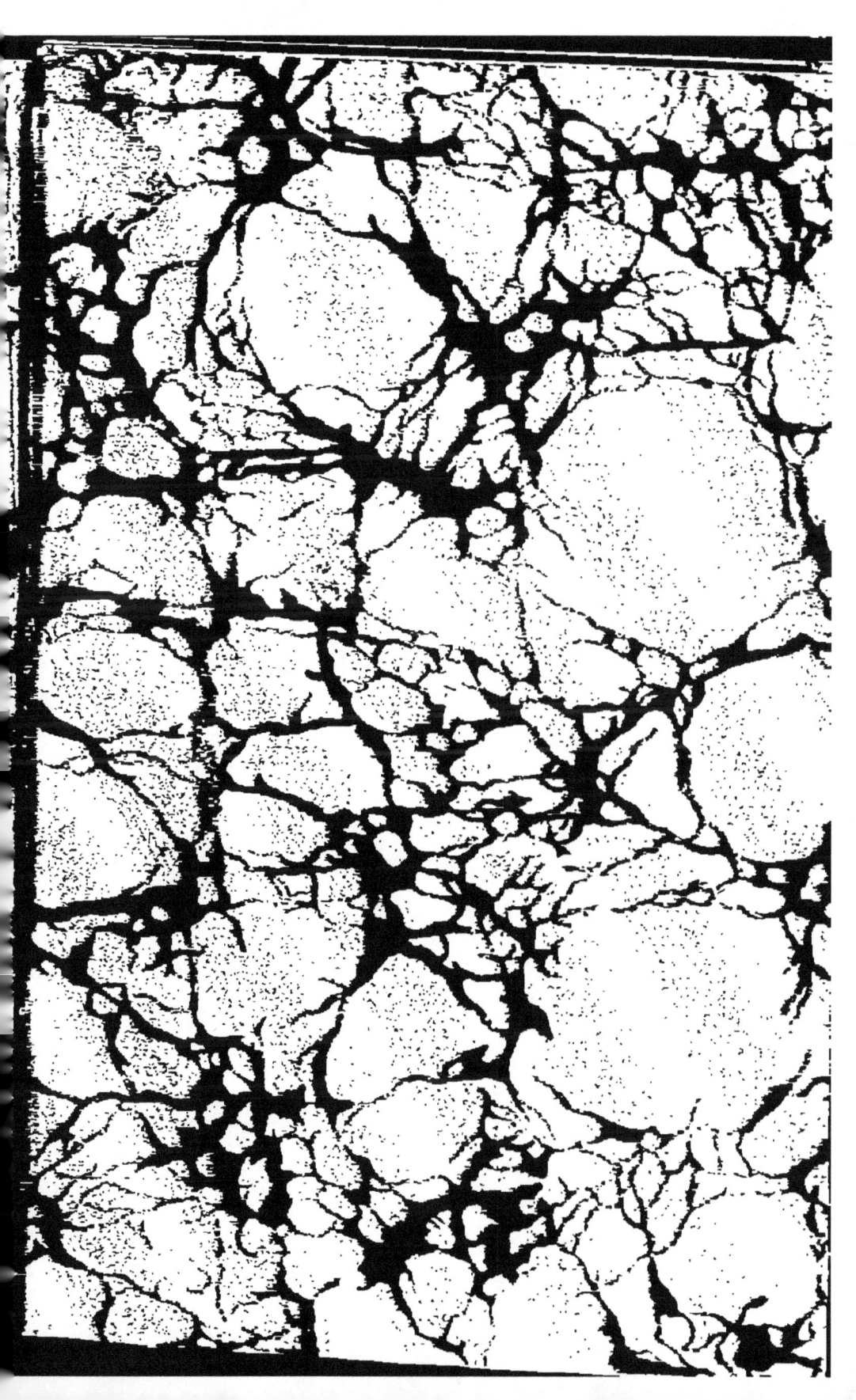

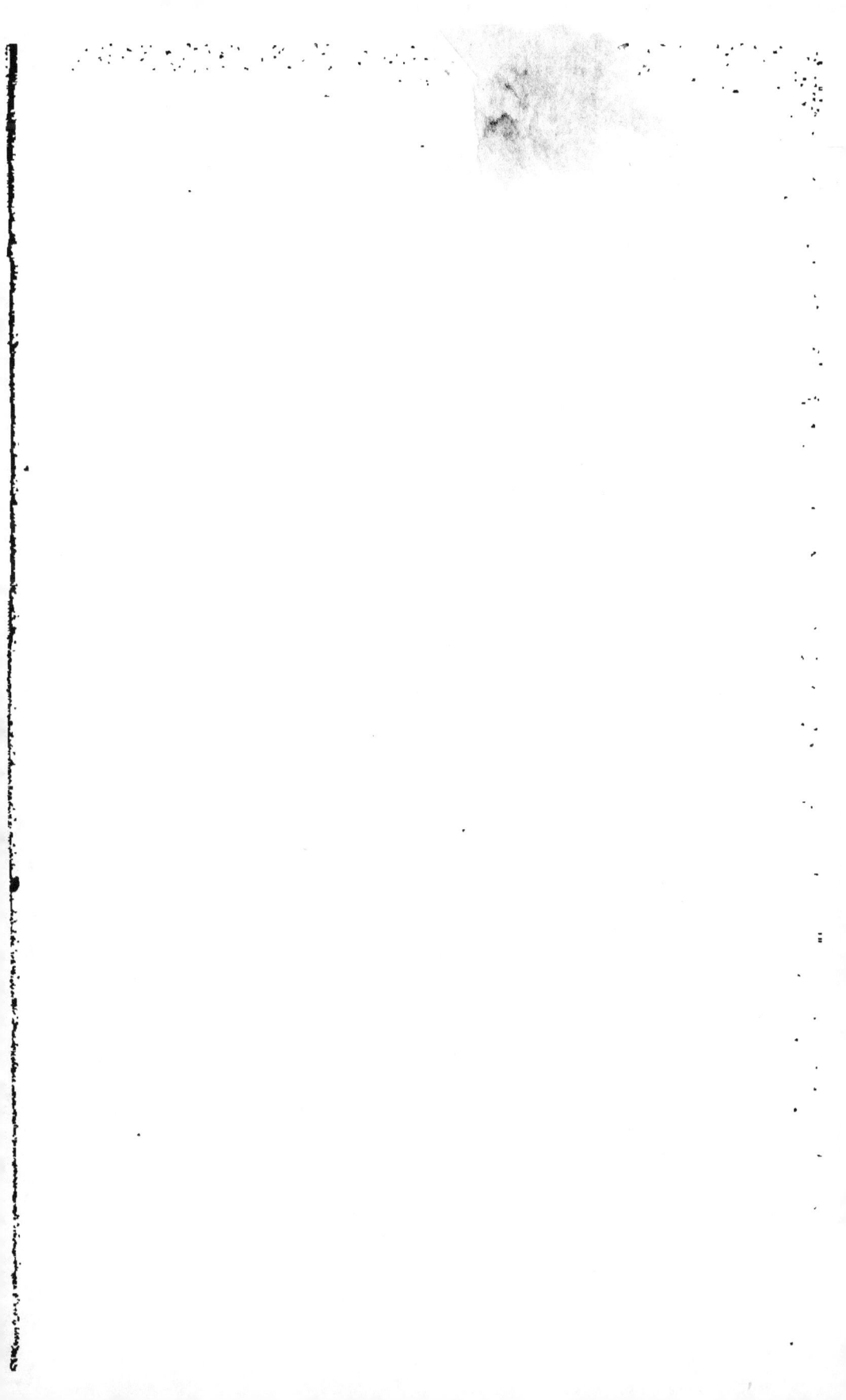

L'Amour et Psyché

1528

L'AMOUR ET PSYCHÉ

APULÉE

L'AMOUR ET PSYCHÉ

GRAVURES D'APRÈS NATOIRE

Notices par A. PONS

PARIS

A. QUANTIN, IMPRIMEUR-ÉDITEUR

Rue Saint-Benoît

1878

L'AMOUR ET PSYCHÉ

AVANT-PROPOS

La fable de l'*Amour et Psyché* est un épisode du roman latin d'Apulée.

Apulée naquit en 114 après J.-C. à Madaure, colonie romaine d'Afrique, sous le règne de Trajan. Plutarque avait 64 ans et Lucien devait naître 6 ans après. La littérature latine brillait d'un dernier éclat et était encore glorieusement représentée par Stace, Pline, Tacite, Suétone, Juvénal. Ce fut à cette école qu'Apulée, maître de bonne heure d'une fortune suffisante, étudia à Rome la littérature et le droit. Déjà il s'était longtemps arrêté à Athènes et s'y était nourri de la langue et de la philosophie grecques. Revenu en Afrique, il s'y maria et s'établit définitivement à Carthage, à l'âge de 34 ans. Pendant près de 50 ans, sous les règnes de Marc-Aurèle et de Commode, il y jouit de la plus haute réputation d'éloquence. Versé dans l'art des mystères divins, il fut revêtu des plus hautes fonctions sacerdotales. On lui éleva des statues de son vivant et son influence fut telle, en Afrique du moins, qu'on la trouve, même chez les Pères de l'Église, mise en comparaison avec celle de Jésus-Christ.

Apulée fut surtout ce que nous appelons aujourd'hui un *publiciste*, et le nombre de ses ouvrages en grec et en latin fut prodigieux. Il ne nous en reste que six, en latin et en prose : *Les Florides*, fragment d'éloquence, de narration et de rhétorique, le *Dieu de Socrate*, la *Doctrine de Platon*, le *Monde*, trois traités de philosophie; *l'Apologie*, un plaidoyer autobiographique devant Claudius Maximus.

Le sixième ouvrage, et le plus célèbre, les *Métamorphoses* ou l'*Ane*, appelé l'*Ane d'or* par l'admiration des contemporains, fut sans doute écrit vers l'an 185 après J.-C. Apulée, qui mourut en 191, avait alors 70 ans. Il semble cependant d'une œuvre de jeunesse par l'ingéniosité du récit et la chaleur du style. — Lucius, parti pour un

voyage en Thessalie, est métamorphosé en âne
par une magicienne qui le punit d'un amour
coupable ; il doit rester ainsi jusqu'à ce qu'il puisse
manger des roses. Sous cette forme nouvelle il
est pris par des voleurs qui, peu après lui,
amènent dans leur caverne une belle jeune fille
de haute condition. Ils sont laissés seuls à la
garde d'une vieille servante qui raconte alors,
pour distraire la prisonnière, la fable de l'*Amour
et Psyché* que nous rapportons en entier dans
cette édition.

— Le récit de Lucius reprend aussitôt après.
Le fiancé de la jeune fille parvient à les
délivrer tous deux. Ils gardent l'âne et lui font
un sort heureux ; mais, à leur mort, le pauvre
Lucius recommence une nouvelle série d'infortunes. Enfin dans une procession en l'honneur
d'Isis il peut manger des roses que le grand
prêtre tenait à la main, et il est rendu à sa
forme première. Par reconnaissance, il se fait
prêtre d'Isis.

Le délicieux épisode de l'*Amour et Psyché* a
de tout temps inspiré les peintres et les sculp-
teurs et nous lui devons les plus charmantes
créations de l'art antique et moderne. Cette édi-

tion est illustrée d'après les tableaux en voussure
de Natoire qui entourent le plafond du salon
rond de l'hôtel de Rohan-Soubise, actuellement
les Archives nationales, rue des Francs-Bour-
geois, à Paris. Les encadrements reproduisent
quelques ornements de la même salle, un des
spécimens les plus charmants de l'art décoratif
du XVIII° siècle

L'AMOUR ET PSYCHÉ

I

Il y avait une fois, dans certain pays, un roi et une reine qui avaient trois filles, toutes trois fort belles. Mais, quelque charmantes que fussent les deux aînées, on pouvait espérer de trouver dans le langage humain des formules d'éloges proportionnées à leur mérite; tandis que la cadette

était d'une perfection si rare, si merveilleuse, que les termes manquaient pour l'ex-
primer et pour en parler dignement. Les
habitants du pays, les étrangers, tous enfin
s'empressaient d'accourir en foule, attirés
par la réputation d'un semblable prodige;
et quand ils avaient vu cette beauté dont
rien n'approchait, ils restaient confondus
d'admiration. Ils portaient à leurs lèvres
leur main droite, l'index placé en travers
sur le pouce ; et, se prosternant, ils l'a-
doraient avec un respect religieux, absolument comme si c'eût été Vénus elle-
même.

Déjà, dans les villes voisines et dans les
pays environnants, le bruit courait que la
déesse, née au sein azuré des mers et sortie
de la rosée des flots écumeux, daignait
populariser sa puissance et se mêler au
milieu de la société des mortels; ou que
du moins, par un nouvel effet de l'influence
créatrice des astres, la terre, et non plus
le liquide élément, avait produit une autre
Vénus avec sa fleur de virginité. Cette
croyance fit de jour en jour d'immenses
progrès. Des îles voisines elle passa un peu

plus loin, puis dans tous les pays possibles; enfin ce fut un bruit qui fit le tour du monde. Il arrivait de toutes parts des curieux, qui avaient accompli de longs voyages et traversé de vastes étendues de mer pour admirer cette glorieuse merveille du siècle.

On n'allait plus à Gnide, on n'allait plus à Paphos, on ne naviguait plus même vers Cythère pour y contempler la déesse. Ses sacrifices sont suspendus, ses temples dépérissent, ses coussins sont foulés aux pieds, ses cérémonies négligées ; on ne couronne plus ses images, et ses autels solitaires sont déshonorés par une cendre froide. C'est à la jeune fille que s'adressent les prières ; c'est sous les traits d'une mortelle qu'on adore la puissante déesse ; et quand, le matin, s'avance cette vierge, on offre des victimes, des festins à Vénus; on invoque son nom ; et pourtant ce n'est pas Vénus que l'on voit. Lorsqu'elle passe dans les rues, le peuple en foule lui présente des guirlandes, lui jette des fleurs, lui adresse des vœux.

En voyant que les honneurs divins passaient d'une manière aussi exagérée à une simple mortelle et qu'une jeune fille était adorée comme une déesse, la véritable Vénus s'enflamma d'un violent dépit. Elle ne put contenir son indignation; et secouant la tête avec le frémissement d'une colère concentrée : « Qui, moi! se dit-elle en elle-même ; moi, Vénus, l'âme première de la nature, l'origine et le germe de tous les éléments; moi qui féconde l'univers entier ; moi, partager avec une jeune fille, avec une mortelle, les honneurs dus à mon rang suprême! Faut-il que je sois ainsi traitée! faut-il que, consacré dans le ciel, mon nom soit profané et souillé sur la terre! Ainsi donc les hommages qu'on rend à ma divinité, une autre les partagera! Je verrai les hommes incertains si c'est celle-là ou si c'est Vénus qu'ils doivent adorer! Et qui me représentera parmi les humains? Une créature destinée à la mort! Ce sera inutilement que le fameux berger dont le puissant Jupiter confirma l'équitable et juste sentence m'aura préférée, à cause de l'excellence de mes charmes, à deux grandes déesses! Mais non, ce ne

saurait être un triomphe durable! Qu'elle
tremble, quelle qu'elle soit, celle qui usurpe
mes honneurs! Vénus la fera repentir de
cette insolente beauté! »

Aussitôt elle appelle son fils, cet enfant
ailé, si audacieux, qui, dans sa perversité,
brave la morale publique, s'arme de torches et de flèches, courant la nuit dans les
maisons étrangères, troublant tous les
ménages, commettant avec impunité les
plus grands désordres, et jamais ne faisant
le moindre bien. Quoique de sa malice
naturelle il soit porté au mal, elle l'excite
encore par ses paroles. Elle le conduit
dans la ville en question, et présente à ses
yeux Psyché (c'était le nom de la jeune
vierge). Elle raconte comment la beauté
de cette jeune fille rivalise avec la sienne
et fait le sujet de tous les entretiens. Son
indignation éclate en gémissements de
dépit.

« Mon fils, dit-elle, au nom de la tendresse qui vous unit à moi, par les douces
blessures de vos flèches, par ces flammes
avec lesquelles vous brûlez délicieusement
les cœurs, vengez votre mère; mais vengez-

la pleinement, et en fils respectueux punissez
une beauté rebelle. Je ne vous adresse
qu'une prière, une par-dessus toutes; dai-
gnez l'accomplir : que cette jeune fille
s'enflamme de la plus violente passion
pour le dernier des hommes; pour un
malheureux condamné par la fortune à
n'avoir ni position sociale, ni patrimoine,
ni sécurité d'existence; enfin pour un être
tellement ignoble, que dans le monde
entier il ne trouve pas son pareil en
misère. »

Elle dit, et ses lèvres à demi entr'ouvertes
prodiguent à son fils de longs et brûlants
baisers. Gagnant ensuite le prochain rivage
que la mer baigne de ses flots, et de ses
pieds de rose effleurant la surface humide
des vagues onduleuses, elle s'assied, et son
char s'avance sur la nappe azurée du profond Océan. Au premier souhait qu'elle
vient de former, comme si depuis longtemps elle eût donné ses ordres, les divinités de la mer s'empressent de l'entourer
de leurs hommages. Ce sont les filles de
Nérée, chantant en chœur, et Portune avec
sa barbe bleuâtre et hérissée ; c'est Salacia,

chargée de poissons dans les plis de sa
robe; c'est le petit Palémon, qui dirige un
dauphin; ce sont les troupes des Tritons,
qui bondissent de tous côtés sur les mers.
Celui-ci tire des accords mélodieux d'une
conque sonore; celui-là avec un tissu de
soie repousse les ardeurs d'un soleil im-
portun; un autre tient un miroir sous les
yeux de la déesse; d'autres soulèvent, en
nageant par-dessous, son char à deux
coursiers. Tel est le cortége qui accompagne Vénus allant rendre visite à l'Océan.

Cependant Psyché, avec sa beauté merveilleuse, ne retire aucun fruit de tant
d'appas. Tout le monde la contemple, tout
le monde la comble d'éloges; et personne,
ni roi, ni prince, ni plébéien même, ne se
présente pour demander et obtenir sa
main. On admire, il est vrai, cet extérieur
digne d'une déesse, mais comme on admi-
rerait une superbe statue. Depuis longtemps ses deux aînées, dont la beauté tout
ordinaire n'avait été célébrée par aucun
peuple, ont épousé des monarques et fait
de brillants mariages; tandis que Psyché,
condamnée au célibat, reste chez ses pa-

rents à pleurer sa solitude et son abandon.
Les souffrances du corps se joignent aux
blessures du cœur; et cette beauté, qui a
pourtant mérité les suffrages de toutes les
nations, elle la déteste en elle.

Le père de l'infortunée princesse est au
désespoir. Il se croit poursuivi du courroux céleste; et, redoutant la colère des
Immortels, il interroge un antique oracle
du dieu qu'on adore à Milet. Il offre à
cette divinité puissante des prières et des
victimes en faveur de la vierge qui ne peut
parvenir à plaire; pour elle, il implore
l'hymen et un époux. Mais Apollon lui fit
(et cela en latin, bien que par le fondateur
qui lui avait dressé des autels à Milet il
tînt à la Grèce et à l'Ionie), lui fit, dis-je, la
réponse suivante :

Expose sur un roc cette fille adorée,
Pour un hymen de mort pompeusement parée.
N'espère point un gendre issu d'un sang mortel,
Mais un affreux dragon, monstre horrible et cruel;
Qui, parcourant les airs de son aile rapide,
Porte en tous lieux la flamme et le fer homicide;
Que craint Jupiter même; et qui, l'effroi des dieux,
Fait reculer le Styx et ses flots ténébreux.

Le monarque, heureux autrefois, quand il eut reçu la réponse de l'oracle divin, retourna dans son palais plein de découragement et de tristesse, et il fit part à la reine de ce que prescrivait l'arrêt funeste du destin. On se désole, on pleure, on se lamente pendant plusieurs jours; mais l'accomplissement cruel du fatal oracle approchait. Déjà l'on prépare pour la vierge infortunée toute la pompe de cet hymen funèbre. Le flambeau nuptial est représenté par des torches noirâtres, à la couleur de suie et de cendre. Le son de la flûte nuptiale est remplacé par les accents plaintifs du mode lydien; et les chants joyeux d'hyménée se changent en hurlements lugubres : la jeune fiancée essuie ses larmes avec son voile même de mariage. La triste fatalité qui pèse sur cette famille excite la sympathie de la ville tout entière; et sur-le-champ la douleur publique décrète, à trop juste titre, hélas! un deuil général.

Cependant, la nécessité d'obéir aux ordres du ciel appelait la malheureuse Psyché au supplice qui lui était destiné. On

3

accomplit donc avec le plus profond chagrin le cérémonial de cet hymen de mort;
et l'on conduit ces vivantes funérailles qui
sont suivies par toute la population. Psyché,
digne objet de larmes, accompagne non
pas sa noce, mais son convoi funèbre,
et précède son père et sa mère, pleins de
tristesse, hésitant à consommer cet acte
d'inhumanité.

C'est Psyché, leur fille elle-même, qui
les encourage en ces termes : « Pourquoi
tourmenter votre malheureuse vieillesse
par ces pleurs continuels? Pourquoi abré-
ger par des sanglots non interrompus
votre vie qui est plutôt la mienne? Pourquoi par des larmes inutiles outrager pour
moi votre respectable visage? Meurtrir vos
yeux, c'est abîmer les miens. Pourquoi vous
arracher les cheveux? Pourquoi déchirer,
l'un votre poitrine, l'autre votre sein vé-
néré? »

« Tels seront donc les glorieux avan-
tages que ma rare beauté nous aura valus!
L'envie cruelle vous frappe d'un coup
mortel : faut-il que vous le reconnaissiez
si tard! C'était quand les nations et les

peuples vous rendaient les honneurs divins, quand d'une voix unanime on m'appelait une seconde Vénus, ah ! c'était alors
que vous eussiez dû gémir, verser des
larmes et me plaindre déjà, comme frappée de mort! Je le sens, je le vois aujour-
d'hui : c'est le nom seul de Vénus qui m'a
perdue. »

« Que l'on me conduise, que l'on me place
sur le rocher auquel m'a voué le sort. J'ai
hâte d'accomplir cet heureux hyménée;
j'ai hâte de voir ce noble époux auquel
j'appartiens. Pourquoi différerais-je ? pourquoi chercherais-je à éviter l'approche de
celui qui est né pour la ruine de l'univers
entier? »

Ainsi parla la vierge ; puis elle se tut,
et d'un pas ferme se mêla dans la foule du
peuple qui suivait. On arrive au rocher in-
diqué : c'est une montagne escarpée, sur
le sommet de laquelle on place la jeune
fille; et tout le monde l'abandonne.

Après avoir laissé dans cet endroit les
torches nuptiales avec lesquelles on a
éclairé la cérémonie et que l'on éteint
dans des flots de larmes, on se prépare, la

tête baissée, à regagner ses demeures.
Quant aux malheureux parents, abattus
par une perte si affreuse, ils se renfermè-
rent au fond de leur palais, et se condam-
nèrent à d'éternelles ténèbres.

II

Psyché, tremblante d'effroi sur le sommet de la montagne, se noyait dans les
pleurs, quand tout à coup l'haleine délicate
du Zéphir agitant amoureusement les airs
fait onduler des deux côtés la robe dont
elle est revêtue et en gonfle insensiblement
les plis. Soulevée sans violence, Psyché
reconnaît qu'un souffle tranquille la transporte doucement. Elle glisse par une pente
insensible dans une profonde vallée placée
au-dessous d'elle ; et bientôt elle se trouve
mollement assise au milieu d'un gazon
émaillé de fleurs.

Déposée sur une épaisse et tendre pe-
louse qui formait un frais tapis de verdure,
Psyché se remit d'un si grand trouble et se
laissa aller à un doux repos. Ranimée par
un sommeil suffisant, elle se lève avec un
esprit plus calme. Elle voit une forêt plan-
tée d'arbres aussi touffus qu'élevés, et au
milieu de cette forêt une source transpa-
rente comme le cristal. Près des bords que
baignent ses eaux, s'élève une demeure
royale construite non par des mains mor-
telles, mais avec un art tout divin. A voir
l'entrée seule on reconnaît que l'on contemple le séjour de quelque déité, tant il y
a d'éclat et d'agréments. En effet, les lambris du plafond, artistement sculptés en
ivoire et en bois de citronnier, sont sup-
portés par des colonnes d'or. Toutes les
murailles sont couvertes de bas-reliefs en
argent, qui représentent des bêtes sauvages
et d'autres; dès que l'on entre, c'est ce qui
se présente aux regards. Il fallait un mortel d'un talent tout à fait merveilleux, que
dis-je? il fallait un demi-dieu, ou plutôt une
divinité, pour porter si loin la supériorité
de l'exécution et pour jeter en vie des ani-

maux sauvages sur une si grande surface
d'argent. Le parquet lui-même est une mo-
saïque de pierres précieuses taillées en
mille petits morceaux, et assorties en
diverses peintures. Quel bonheur inexpri-
mable, quelle félicité suprême, que de
marcher sur les perles et les diamants! Les
autres parties de cet immense et vaste édifice sont également d'une valeur inappré-
ciable. Les murailles, toutes revêtues d'or
massif, brillent d'un éclat qui leur est
propre; tellement que ce palais se ferait lui-
même sa lumière si le soleil lui en refusait
une, tant les appartements, les galeries, les
portes elles-mêmes font jaillir d'éclairs! Le
reste est d'une richesse qui répond à la
magnificence d'un tel édifice; et il semble
naturellement que ce soit le grand Jupiter,
qui, pour habiter avec les humains, ait fait
construire ce céleste palais.

Invitée par le charme de ces beaux lieux,
Psyché s'approche davantage; et, d'un pas
déjà plus hardi, elle se hasarde à franchir le
seuil. Bientôt, cédant à l'attrait de tant de
merveilles, elle promène partout des regards
émerveillés. Dans les étages supérieurs elle

voit des galeries d'une architecture parfaite
où sont entassés des trésors considérables ;
et ce qui ne figure pas là ne saurait se
trouver dans le reste du monde. Mais au
milieu des sentiments de surprise que faisaient naître tant d'admirables richesses,
ce qui était par-dessus tout miraculeux,
c'est qu'il n'y avait ni barrières, ni gardes
pour défendre ce trésor de l'univers.

Pendant qu'elle se livre à cette contemplation avec un plaisir infini, une voix
sortie d'un corps invisible vint frapper ses
oreilles : Pourquoi, ma souveraine, vous
émerveiller de tant d'opulence? Tout ce
que vous voyez est à vous. Ainsi donc, entrez dans un de ces appartements ; reposez-
vous de votre fatigue sur une de ces
couches, et commandez un bain quand il
vous plaira. Nous dont vous entendez la
voix, nous sommes attachés à votre service : nous exécuterons attentivement vos
ordres ; et lorsque nous aurons eu pris soin
de votre personne, le royal banquet qui
vous est destiné ne se fera pas attendre.

Psyché reconnut la bienheureuse assistance d'une divinité protectrice ; et, écou-

tant ces conseillers invisibles, elle se livra
d'abord au sommeil, puis bientôt se mit
dans un bain où sa fatigue se dissipa com-
plétement. Soudain elle aperçoit près d'elle
un buffet demi-circulaire ; et, jugeant bien
que c'est un repas préparé pour lui faire
reprendre des forces, elle s'y place volon-
tiers. Aussitôt des vins délicieux comme
du nectar, les plats les plus variés, les
mets les plus abondants sont servis devant
elle, sans qu'aucun être humain paraisse,
et comme poussés seulement par un souffle.
Elle ne pouvait en effet voir personne ;
elle n'entendait que des paroles qui s'é-
chappaient dans l'air, et c'étaient des voix
seulement qui la servaient. Après ce repas
exquis il entra un virtuose invisible, qui
chanta ; un autre joua de la lyre, et on ne
voyait ni l'instrument ni l'homme ; puis un
morceau d'ensemble, exécuté par un grand
nombre de voix, vint frapper ses oreilles ;
et, bien qu'il ne parût aucune créature humaine, il était néanmoins évident qu'il y
avait un chœur. Après tous ces plaisirs,
Psyché, voyant que le jour touchait à son
déclin, rentra pour prendre du repos.

Déjà la nuit était avancée lorsqu'un léger bruit fixa son attention. Tremblant
pour sa virginité au milieu d'un tel isolement, elle éprouve une crainte mêlée d'horreur; et, plus que tous les malheurs possibles, elle redoute un dénoûment qu'elle
ignore. C'est déjà l'époux inconnu : il avait
pris place dans sa couche; il avait fait
Psyché sa femme, et avant le lever du soleil
il s'était retiré précipitamment. Un instant
après, les voix, qui avaient attendu à la
porte de la chambre, prodiguent leurs soins
à la jeune épouse dont la virginité vient de
succomber. Les choses se passèrent ainsi
pendant longtemps. Par un effet naturel,
l'habitude de cette nouvelle existence la
lui rendit douce; et les accents des voix
mystérieuses la consolaient de son abandon.

Cependant son père et sa mère vieillis-
saient dans le chagrin, sans que rien affai-
blit leur douleur. Le bruit de l'aventure
s'étant répandu, les deux aînées avaient
tout appris; et aussitôt, pleines d'affliction
et de tristesse, elles avaient abandonné
leurs maisons, et s'étaient empressées
d'aller près de leurs parents pour les voir

et pour les entretenir. Cette même nuit l'é-
poux parla en ces termes à sa Psyché (car,
bien qu'il fût invisible, elle ne laissait pas
de le toucher et de l'entendre) : « Psyché,
ma douce amie, ma compagne adorée, la
fortune cruelle vous menace d'un danger
terrible et vous ne sauriez employer trop
de précautions pour vous en garantir.
Vos sœurs, déjà troublées de l'idée de
votre mort, sont à la recherche de vos
traces, et elles arriveront bientôt à ce
rocher. Si vous entendez par hasard quel-
ques-unes de leurs lamentations, ne répon-
dez pas, ne vous permettez pas même un
seul regard. Du reste ce serait me causer
une douleur des plus grandes, et vous
préparer, à vous, les derniers malheurs. »
Psyché accueille la recommandation, en
promettant de se conformer aux volontés
de son mari. Mais quand avec la nuit l'é-
poux eut disparu, elle passa toute la jour-
née à gémir et à se plaindre comme une
malheureuse, répétant que c'était maintenant plus que jamais qu'elle était perdue :
Quoi ! être renfermée et cloîtrée dans cette
prison ! Eh ! qu'en importaient les douceurs,

s'il fallait être privée de tout commerce avec les humains; si elle ne pouvait offrir de rassurantes consolations à ses sœurs même qui s'affligeaient sur elle; si elle ne pouvait jamais les voir un seul instant? Bain, nourriture, enfin ce qui pouvait lui donner des forces, elle rejette tout; et ce fut en versant des larmes qu'elle se retira pour se mettre au lit.

Un instant après son mari vint, un peu plus tôt qu'à l'ordinaire, prendre place à côté d'elle; et, l'embrassant encore toute baignée de pleurs, il lui adressa des reproches: Est-ce là ce que m'avait promis ma Psyché? Votre mari pourra-t-il désormais rien attendre, rien espérer de vous? Le jour, la nuit, même dans les bras d'un époux, vous ne cessez de gémir cruellement. Eh bien! faites désormais comme il vous plaira; et, puisque vous voulez votre malheur, contentez votre fantaisie. Du moins rappelez-vous que je vous ai sérieusement avertie, quand commencera un tardif repentir.

Alors la jeune femme, à force de prières, et en menaçant de se donner la mort, arrache à son mari cette permission si désirée de voir ses sœurs, d'adoucir leur deuil, de s'entretenir avec elles. Ainsi, les instances de sa nouvelle épouse déterminent son consentement; et, de plus, il lui permet de leur donner tout l'or, toutes les parures qu'elle voudra. Mais en même temps il lui recommande, en la menaçant à plusieurs reprises des peines les plus terribles, de ne céder jamais aux mauvais conseils que pourront lui donner ses sœurs, et de ne point chercher à voir la figure de son mari. Il ajouta que cette curiosité sacrilége la précipiterait du faîte du bonheur dans un abîme de maux, et la priverait à jamais de ses embrassements.

Elle rendit grâces à son mari; et déjà plus joyeuse : « Ah! dit-elle, cent fois mourir avant de renoncer à notre union déjà si douce! car je t'aime. Oui, qui que tu sois je t'aime tendrement; je t'aime comme ma vie; et Cupidon lui-même ne me semble pas comparable à toi. Mais, je t'en supplie, accorde encore une grâce à mes prières; commande à ce Zéphir, qui est à tes ordres, de m'amener ici mes sœurs de la même manière que j'y fus apportée. Et le couvrant

de baisers séducteurs, lui prodiguant les
tendresses les plus vives, le serrant étroite-
ment dans ses bras, elle ajoute encore à
ses caresses les expressions les plus passion-
nées : Doux ami, tendre époux, chère âme
de ta Psyché! » Il était venu pour déployer
la force et le pouvoir de Vénus; mais il
succomba, quoique à regret, en sa qualité
de mari, et promit de faire tout ce qu'on
lui demandait. Puis, à l'approche du jour,
il s'évanouit encore des bras de son épouse.

III

Cependant les deux sœurs ayant su quel
était le rocher et l'endroit où Psyché
avait été abandonnée, y arrivèrent avec
empressement; et là elles se mirent à verser des torrents de larmes, à se frapper la
poitrine à grands coups. Leurs sanglots se
répétaient dans les rochers et dans les
montagnes en échos non moins doulou-
reux. Elles ne cessaient de l'appeler par
son nom, leur sœur infortunée; si bien
qu'au bruit perçant de ces voix plaintives
qui descendaient dans la vallée, Psyché
éperdue, hors d'elle-même, s'élance hors

du palais : « Pourquoi vous faire tant de mal par ces tristes lamentations ? elles sont inutiles : voilà celle que vous pleurez. Cessez enfin vos accents lugubres, essuyez vos yeux noyés depuis si longtemps dans les larmes. Vous pouvez embrasser la sœur dont vous déploriez le trépas. Alors, appelant Zéphyr, elle lui communique les ordres de son mari. Sur-le-champ, docile à sa voix, il les soulève par un souffle léger et les transporte sans leur faire aucun mal. Elles s'embrassent, se couvrent de mille baisers dans leurs transports impatients; leurs larmes, qui s'étaient arrêtées, coulent encore par l'excès de la joie. Plus de tristesse, dit-elle, entrez dans cette demeure, dans nos pénates, et remettez-vous de votre affliction en compagnie de votre Psyché. » Ayant parlé ainsi, elle leur fait voir les richesses prodigieuses de ce palais tout en or; elle leur fait entendre ce peuple de voix qui ont ordre de la servir; elle leur offre ensuite, pour réparer leurs forces, un bain des plus somptueux et la délicate abondance d'une table digne des Immortels. Si bien que, pendant qu'elles savouraient à loisir cette prodigalité de richesses toutes célestes, l'envie germait déjà au fond de leur cœur.

L'une des deux finit par lui adresser les questions les plus positives et les plus pressantes, ne cessant de lui demander quel est le maître de toutes ces divines merveilles; quel est le nom, quelle est la qualité de son mari. Mais Psyché se garde bien de violer la promesse conjugale, et son cœur ne laisse pas échapper son secret. Elle improvise un conte : que c'est un beau jeune homme dont les joues se sont depuis peu ombragées d'un duvet touffu, et qui la plupart du temps est occupé à chasser dans les plaines et sur les montagnes. Puis, dans la crainte que, si la conversation se prolongeait, elle ne se laissât aller à oublier la résolution tacite qu'elle avait prise, elle rappelle Zéphir; et, après les avoir chargées d'ouvrages en or, de colliers faits de pierres précieuses, elle lui ordonne de les emporter de nouveau : ce qui fut aussitôt exécuté.

Nos aimables sœurs, tout en revenant chez elles, brûlaient déjà du noir et rapide

5

venin de l'envie, et elles causaient entre
elles d'une manière fort animée.

« Voyez, finit par dire l'une d'elles combien la fortune est aveugle! Déesse injuste,
tu as voulu que, filles d'un même père et
d'une même mère, nous eussions une destinée différente. Nous qui sommes les aînées,
on nous a mariées à des étrangers dont
nous sommes les très-humbles servantes.
Éloignées du toit qui nous vit naître, de
notre patrie même et de nos parents, nous
sommes en quelque sorte exilées. Au contraire, cette cadette, dernier fruit d'une
fécondité qu'elle a tarie, est en possession
d'une telle opulence! la voilà l'épouse d'un
dieu, elle qui ne sait pas même profiter con-
venablement d'une si grande abondance de
biens! »

« Avez-vous pu voir, ma sœur, que de
choses précieuses répandues dans cette
maison? quelles parures, quelles robes
éblouissantes! quelles étincelantes pierreries! en outre, quelle quantité d'or on
foule à chaque pas sous les pieds! Que si
elle possède encore un mari aussi beau que
tout cela, comme elle l'affirme, il n'est pas

en ce moment de créature plus heureuse au monde. Peut-être même l'habitude venant fortifier l'amour, le Dieu son époux fera-t-il d'elle une déesse. Oui, c'est bien cela, indubitablement : elle en prenait les airs et la démarche. Déjà son regard se porte vers le ciel ; et l'on pressent la déesse dans la mortelle qui a des voix pour lui obéir et qui commande aux vents eux-mêmes. Moi, au contraire, combien je suis malheureuse! D'abord l'époux que le sort m'a donné est un homme plus vieux que mon père ; ensuite il est plus chauve qu'une citrouille, plus petit que le dernier nabot ; et il tient tout, à la maison, sous chaînes et sous clefs. »

« — Moi, reprit l'autre, j'ai sur les bras un mari tout cassé, ployé en deux par la goutte, et qui par cette raison n'offre que très-rarement ses hommages à mes charmes. Je passe presque tout mon temps à frictionner ses doigts cagneux et durs comme pierre ; je gâte mes mains si délicates à pratiquer des fomentations puantes, à toucher des linges dégoûtants, de félides cataplasmes. Ce n'est pas le rôle intéres-

sant d'une épouse que je remplis auprès
de lui, c'est le rude métier d'une garde-
malade. »

« C'est à vous, ma chère sœur, de voir
jusqu'où vous comptez pousser la patience,
ou plutôt (je vous parle avec franchise) la
servilité ; quant à moi, je ne puis soutenir
plus longtemps la vue d'une prospérité si
grande tombée à des mains si indignes.
Rappelez-vous, en effet, combien il y avait
d'orgueil et d'arrogance dans sa manière
d'en agir avec nous. Son empressement
même à faire devant nous un impertinent
étalage montrait combien la vanité a gonflé ce cœur. Et de tant de richesses, que
nous a-t-elle jeté ? quelques bribes, comme
à regret. Bientôt, fatiguée de notre présence,
elle a ordonné qu'on nous fît disparaître ;
et ç'a été l'affaire d'un souffle, d'un coup de
sifflet. J'y perdrai mon sexe, j'y perdrai la
vie, ou je la précipiterai d'une si haute
fortune ; et si vous vous sentez, ce que je
suppose bien, piquée comme moi de l'affront que nous avons reçu, nous cherche-
rons à nous deux quelque moyen éner-
gique. »

« D'abord il ne faut montrer à nos parents ni à personne les présents que nous rapportons; ensuite il est convenu que nous n'avons absolument pu savoir si elle vit encore. C'est bien assez que nous ayons vu des choses qui nous humilient, sans que nous allions répandre dans notre famille et dans le monde entier le récit pompeux de toutes ses béatitudes : or la richesse n'est pas un bonheur quand elle n'est connue de personne. Ah! ah! vous apprendrez, chère sœur, que nous sommes vos aînées et non pas vos servantes. Pour le moment, retournons auprès de nos maris, allons revoir nos pauvres, nos modestes pénates; et lorsqu'après avoir plus mûrement réfléchi, nous nous serons mises en mesure, nous reviendrons mieux affermies pour punir tant d'orgueil. »

Un projet de méchanceté ne pouvait manquer de paraître bon à ces deux méchantes créatures. Elles cachent tous les cadeaux si précieux qu'on leur a faits; et, s'arrachant les cheveux, se déchirant le visage (c'était, du reste, bien mérité), elles recommencent leurs lamentations, pures

simagrées cette fois. Puis, quand elles ont
ainsi ravivé tout le désespoir de leurs parents eux-mêmes, elles les quittent brusquement. »

Gonflées de dépit à en perdre la raison,
elles s'en vont chez elles; et là se mettent
à organiser contre une sœur innocente
des ruses scélérates, ou plutôt un véritable fratricide.

Cependant Psyché reçoit encore de son
mystérieux époux de nouvelles recommandations dans leurs entretiens nocturnes:
« Ne voyez-vous pas les périls que la fortune
prépare contre vous dans le lointain ? Prenez longtemps à l'avance de solides précautions, ou bien elle ne tardera pas à vous
attaquer corps à corps. De perfides mé-
gères déploient des efforts incroyables
pour vous entraîner dans leur piéges criminels. Ce qui les occupe le plus, c'est de
vous déterminer à vouloir connaître mon
visage; mais, je vous en ai prévenu souvent,
si vous le voyez une fois vous ne le verrez
plus. Ainsi donc, dans le cas où ces détes-
tables femelles reviendraient ici, armées des
intentions les plus malveillantes (et elles

viendront, je le sais), évitez tout entretien
avec elles. Si votre candeur naïve et votre
sensibilité ne vous laissent pas la force de
vous y refuser, au moins promettez-vous
de ne rien écouter, de ne rien répondre
concernant votre mari. Car notre famille
va bientôt s'accroître; et ce sein, qui est
encore celui d'une enfant, recèle pour nous
un autre enfant, destiné à être un dieu si
vous tenez nos secrets cachés dans le silence, un simple mortel si vous les pro-
fanez. »

A cette nouvelle la joie s'épanouit sur
les traits de Psyché. Elle s'applaudit à l'espoir consolant de mettre au jour un être
divin; elle tressaille d'orgueil en songeant
à son futur nourrisson et au nom glorieux
de mère; elle compte avec anxiété les
jours qui viennent, les mois qui s'en vont.
Ce sont pour elle des sensations toutes
neuves : elle s'étonne que son fardeau s'ac-
croisse; qu'à la suite d'une piqûre légère
son petit ventre se soit enrichi d'un semblable développement. Mais déjà le couple
empesté, les deux abominables Furies, res-
pirant le poison des vipères et pleines

d'impatience, naviguaient avec une homicide célérité.

Ce fut pour le nocturne époux l'occasion de donner encore un avertissement à sa Psyché : « Voici le dernier jour, lui dit-il et nous touchons à l'instant décisif. La double inimitié du sexe et du sang a fait prendre les armes : on a levé le camp ; l'armée est en bataille ; la trompette guerrière a donné le signal ; et, le glaive à la main, les coupables sœurs viennent pour t'égorger. Que de calamités nous menacent, Psyché, ô ma douce Psyché ! Prends en pitié ton sort et le nôtre ; persiste religieusement dans ta discrétion, si de l'affreux désastre qui est près de fondre sur nous tu veux sauver cette demeure, ton époux, toi-même et notre innocente progéniture. Ces femmes criminelles, auxquelles la haine a inspiré contre toi des projets homicides, foulent aux pieds les liens du sang : il ne t'est plus permis de les appeler tes sœurs. Garde-toi donc de les voir, de les entendre, lorsque du haut de ce rocher, comme des Sirènes, elles feront retentir les montagnes de leurs funestes accents. »

Psyché lui répondit d'une voix entrecou-
pée de larmes et de sanglots : « Depuis longtemps, je crois, vous avez eu des preuves
de ma fidélité et de ma discrétion; dans
cette nouvelle circonstance, je vous prou-
verai encore que je sais avoir une résolution ferme. Ordonnez seulement de nouveau
à notre Zéphyr de s'acquitter de son office
complaisant; et, pour me dédommager de
ce que la contemplation de votre image
divine m'est interdite, rendez-moi du moins
la présence de mes sœurs. Je vous en supplie par les boucles flottantes et parfumées
de vos cheveux, par vos joues si tendres,
si délicates et semblables aux miennes, par
votre poitrine qui brûle de je ne sais quelle
chaleur. Aussi passionnément que je désire
connaître les traits de votre visage dans
la petite créature que je porte, je vous
supplie de vous laisser fléchir par mes ferventes prières et mes humbles supplications. Accordez-moi la jouissance d'embrasser mes sœurs, et ranimez par cette
joie le cœur de Psyché, qui ne vit que pour
vous et qui vous est chère. Non, je ne
demande plus désormais à voir votre vi-

6

sage ; je ne m'offusque même plus des ténèbres de la nuit : je vous possède, vous,
le flambeau de mon existence. »

Charmé par ces tendres paroles et par
des étreintes plus tendres encore, l'époux
essuya de ses propres cheveux les larmes
qu'elle versait, et lui promit d'accomplir
sa demande. Un instant après, il avait de-
vancé l'aube du jour naissant.

A peine débarquées, les deux sœurs com-
plices, sans même aller voir leurs parents,
s'acheminent droit au rocher. Elles y
montent avec la plus grande précipitation,
et, n'attendant pas la présence du vent qui
les transporte, elles s'élancent dans l'espace avec une insolente témérité. Mais
Zéphyr, qui n'oubliait pas les ordres de
son roi, les reçut, quoique bien à regret,
au sein d'un rapide courant d'air, pour les
déposer ensuite sur le sol.

Elles arrivent en toute hâte au palais ;
elles embrassent leur pauvre proie, se disant
(les menteuses !) ses sœurs dévouées ; et
tandis qu'avec ce visage affectueux un amas
de haine couve secrètement au fond de
leur cœur, elles lui adressent des paroles

caressantes : « Eh bien, Psyché, tu n'es plus une petite fille comme auparavant : te voilà mère à ton tour. Te figures-tu bien quel trésor tu nous ménages dans ce joli petit sein? Quelle allégresse pour toute notre famille! Que de joie pour nous! Que nous serons heureuses de nourrir ce charmant bijou! S'il répond, comme c'est infaillible, à la beauté de son père et de sa mère, ce sera bien certainement un Cupidon. » Ainsi par une affection simulée elles s'emparent insensiblement de l'esprit de leur sœur.

Aussitôt, pour les délasser du voyage, celle-ci leur présente des siéges; ensuite, pleine de soins, elle leur fait préparer des bains chauds; enfin elle les installe dans une magnifique salle à manger, où elles trouvent les mets les plus rares, les ragoûts les plus merveilleux et les plus exquis. Elle ordonne à une lyre de jouer : on entend les cordes d'une lyre; à une flûte : le son d'une flûte retentit; elle veut un chœur de concertants : c'est un morceau d'ensemble; et toute cette musique, exécutée sans que personne parût, caressait de l'harmonie la

plus tendre les esprits de ceux qui l'enten-
daient.

Cependant telle était la scélératesse, la
perversité des deux créatures, que cette
mélodie même, aussi douce que le miel, ne
put les amollir et les calmer. Pensant toujours à enlacer leur sœur dans leurs filets,
elles dirigent la conversation vers ce but.
Sans faire semblant de rien, elles com-
mencent à lui demander quel est son mari,
à quelle famille, à quelle condition il appartient.

Alors Psyché, oubliant, dans l'excès de
sa simplicité, ce qu'elle a imaginé précédemment, bâtit un nouveau conte : elle
dit que son mari est d'une province voisine; qu'il a beaucoup de capitaux jetés
dans les affaires; qu'il est arrivé à la matu-
rité de l'âge, et qu'il grisonne un peu. Puis,
ne s'arrêtant pas davantage sur cette ma-
tière, elle les charge encore des plus
riches présents, et les confie de nouveau à
leur voiture aérienne.

Mais tandis que, transportées dans les
airs par le souffle tranquille du Zéphyr,
elles reviennent chez elles, les voilà qui

se communiquent leurs réflexions : « Que
dire, ma sœur, du monstrueux mensonge
de l'impertinente ? Hier, c'était un adolescent qui n'avait pour barbe qu'un duvet
récemment fleuri; maintenant, c'est un
homme d'âge moyen, dont la chevelure
est blanche et argentée. Quel est donc cet
être qui dans un si petit espace de temps a
subi la métamorphose d'une vieillesse
soudaine ? Ma sœur, vous ne pourrez vous
en tirer autrement : ou c'est un mensonge
que nous fait la perfide, ou elle ne connaît pas le visage de son époux. Quel que
soit le vrai entre ces deux conjectures, il
faut la déposséder au plus tôt de cette
opulente position. Si elle ne connaît pas
son mari, c'est qu'à coup sûr elle a épousé
un dieu, et c'est alors un dieu que nous
promet sa grossesse. Or certainement, si
elle est proclamée mère d'un enfant divin
(ce qu'au ciel ne plaise!), aussitôt je me
passerai une corde au cou et je me
pendrai.

« En attendant, retournons auprès de
notre père et de notre mère, et pour l'exorde
de ce que nous dirons à Psyché ourdissons

un mensonge qui ait le coloris de la vrai-
semblance.

Ainsi enflammées, à peine daignent-
elles adresser un mot à leurs parents.
Toute la nuit elles sont agitées et ne ferment
pas l'œil; ce sont comme deux perdues.
Dès le matin elles volent au rocher, en
descendent promptement, grâce au secours
ordinaire du Zéphyr; et, pressant leurs
paupières pour faire venir quelques larmes
forcées, elles débutent par la ruse que
voici auprès de la jeune fille.

« Tu vis contente, toi, et heureuse d'ignorer une si grande horreur, tu reposes
sans l'inquiéter du danger qui te menace.
Mais nous qui, avec une vigilance de tous
les instants songeons à tes intérêts, nous
sommes cruellement tourmentées de tes
périls. En effet, nous avons appris, à n'en
pas douter, un secret que nous ne pouvons
te cacher parce que nous prenons trop de
part à tes chagrins et à tes malheurs. Fi-
gure-toi un énorme serpent aux mille replis
volumineux, dont le cou soit gonflé d'un
sang qui est un poison terrible, et ouvrant
une gueule d'une profondeur affreuse:

voilà l'époux qui repose furtivement la nuit à tes côtés.

« Maintenant rappelle-toi l'oracle de la Pythie qui a proclamé que tu étais destinée en mariage à un monstre cruel. Plusieurs habitants, les chasseurs d'alentour, et presque tous les gens du voisinage, l'ont vu le soir revenir après qu'il a pris sa pâture, et nager dans les eaux du fleuve le plus prochain. A en croire tout le monde, il ne te laissera pas longtemps savourer tant de complaisances et de douceurs; au premier jour, quand tu seras arrivée au terme de ta grossesse et que le morceau sera bien délicat, il doit te dévorer.

« Ainsi avertie, c'est à toi de faire tes réflexions, et de voir si tu veux écouter des sœurs qui tremblent pour ta chère existence, fuir la mort et vivre avec nous sans crainte du danger, ou bien si tu préfères avoir pour sépulture les entrailles d'un monstre impitoyable. Que si tu te plais dans l'isolement de cette campagne sans autre compagnie que des voix, au milieu d'amours clandestines, de nuits empoisonnées et périlleuses, d'étreintes d'un

reptile venimeux ; nous du moins, en sœurs
pieuses, nous aurons fait notre devoir. »

Pleine de confiance et de sensibilité, la
pauvre enfant est bouleversée par une révé-
lation si affreuse, si épouvantable. Elle est
tellement éperdue et hors d'elle-même,
qu'elle oublie toutes les recommandations
de son époux, les promesses qu'elle lui fit,
et se précipite dans un profond abîme de
malheurs. Tremblante, pâle et livide, elle
murmure d'une voix éteinte des mots en-
trecoupés, et leur dit : « Oui, vous êtes de
bien tendres sœurs, et vous restez fidèles
aux lois que vous imposait cette tendresse.
Hélas ! ceux qui vous affirment de telles
horreurs me semblent ne pas avoir in-
venté un mensonge. Car jamais je n'ai vu
le visage de mon époux ; j'ignore complé-
tement quelle est sa patrie. Ce n'est que la
nuit que je l'entends parler, à voix basse. Il
me cache son état, il ne manque jamais de
s'enfuir au jour.

« Voilà, mes sœurs, ce que je suis con-
trainte de supporter ; et quand vous dites
que c'est quelque monstre, vous avez raison : je pense comme vous. Il s'attache

singulièrement à me faire toujours peur de
son visage, et me menace des plus grands
malheurs dans le cas où j'aurais la curiosité de le connaître. Maintenant, si vous
pouvez secourir et sauver votre pauvre
sœur dans un tel danger, c'est le moment
de venir à mon aide; car faire succéder
l'incurie à la prévoyance qu'on a montrée
d'abord, c'est détruire les bienfaits de cette
dernière. »

Entrées dès lors si facilement dans la
place, et voyant l'âme de leur sœur à dé-
couvert, ces méchantes femmes renoncent
à faire jouer les secrets ressorts qu'elles
avaient machinés dans l'ombre; et c'est
en mettant franchement l'épée à la main
pour consommer leur affreux crime,
qu'elles s'emparent de son esprit, aussi
simple qu'effrayé.

L'une d'elles lui dit : « Les liens du sang
nous obligent à ne considérer aucun péril
quand il s'agit de ton repos. Nous ne con-
naissons qu'un seul moyen de salut pour toi;
nous y avons réfléchi longtemps, bien
longtemps; le voici : prends un poignard
bien tranchant, donne-lui encore le fil en

le repassant doucement sur la paume de ta
main, et cache-le secrètement dans ton lit
à l'endroit où tu couches d'ordinaire. Pro-
cure-toi une lampe; remplis-la exactement
d'huile pour qu'elle brille d'une vive lumière, et place-la quelque part derrière le
rideau qui vous enveloppe. Apporte le
mystère le plus complet à tous ces prépa-
ratifs. Puis quand il sera entré, sillonnant
le plancher de ses anneaux; qu'il sera monté
dans le lit comme de coutume; qu'il se
sera étendu, et que, plongé dans la douceur
du premier sommeil, sa respiration te ga-
rantira qu'il dort profondément, laisse-toi
couler du lit; va sans chaussure, sur la
pointe du pied, doucement, à petits pas,
dégager ta lampe du coin obscur où tu
l'auras cachée, et profite des indications
que te donnera sa lumière pour reconnaître
le moment de consommer ta courageuse
entreprise. Alors, saisissant l'arme à deux
tranchants, lève d'abord hardiment la main
et d'un effort vigoureux frappe ce serpent
redoutable, de manière à détacher sa tête
de son cou. Notre assistance ne te man-
quera pas: aussitôt que par sa mort tu

auras assuré ton salut, nous nous empres-
serons d'être à tes côtés, nous t'emmène-
rons bien vite en emportant toutes ces richesses avec toi; et par un hymen selon tes
vœux, nous t'unirons, créature humaine, à
un mari de ton espèce. »

Ces paroles incendiaires ayant porté le
trouble et la colère dans le cœur trop naïf
de Psyché qui est déjà toute furieuse, elles
l'abandonnent aussitôt, craignant même de
rester près du théâtre d'une si sanglante
tragédie. Le souffle aérien qui les transporte ordinairement les enlève au-delà du
rocher; et soudain, se dérobant avec la rapidité de l'éclair, elles s'embarquent et dis-
paraissent.

Mais Psyché, qu'elles ont laissée seule,
n'est pas seule cependant : les Furies impi-
toyables l'obsèdent, des pensées de désespoir bouillonnent dans son cœur comme
les flots de la mer. Bien que son projet
soit arrêté et qu'elle s'y obstine, alors
même que ses mains s'occupent des prépa-
ratifs criminels, elle hésite encore. Sa résolution s'ébranle, mille sentiments se com-
battent en elle : l'impatience, l'indécision,

l'audace, la frayeur, la défiance, la colère;
et en résumé, dans le même être elle déteste un affreux reptile et adore un époux.
Le soir cependant va ramener les ténèbres,
elle se hâte précipitamment de tout dispo-
ser pour son odieux forfait.

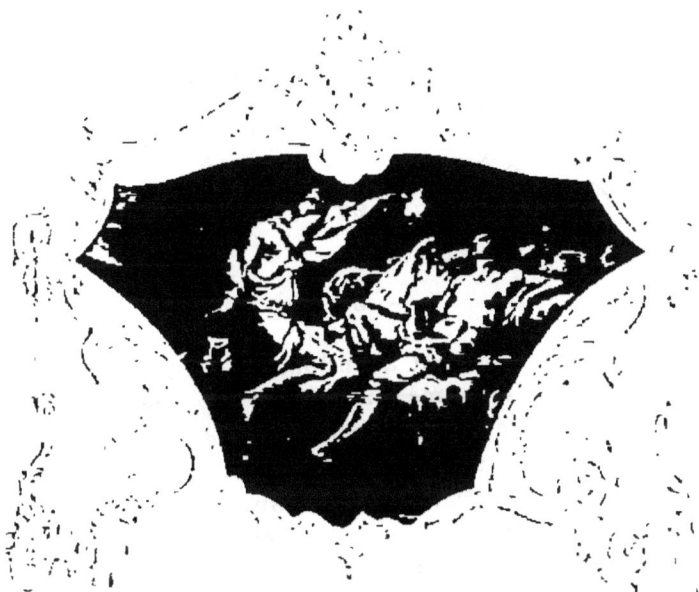

IV

La nuit était arrivée, l'époux aussi; et
après une première victoire dans l'amoureux combat il s'était laissé aller à un profond sommeil. Alors Psyché, qui sentait du
reste défaillir à la fois et son âme et son
corps, est ranimée cependant par l'implacable fatalité : elle s'affermit, va chercher
la lampe, saisit le poignard : son audace a
changé son sexe. Déjà la lumière qu'elle
vient d'approcher a éclairé sa couche. Quel
spectacle ! elle voit de tous les monstres le
plus doux et le plus aimable : c'est Cupidon
en personne, c'est ce dieu si beau, reposant

dans le plus bel abandon. A cet aspect la
lampe elle-même fit pétiller joyeusement
sa lumière, et le fer du poignard sacrilége
sembla plus étincelant.

Pour Psyché, un tel tableau l'avait anéan-
tie : hors d'elle-même, le visage bouleversé,
pâle, défaite, tremblante, elle se laisse
tomber sur les genoux. Elle cherche à cacher l'arme, mais en la plongeant dans sa
poitrine; et c'est ce qu'elle eût fait bien certainement, si l'acier, par crainte d'un si
grand attentat, n'eût glissé de ses mains
imprudentes et ne lui eût échappé! Toutefois, malgré son abattement et son désespoir, ses esprits ne tardent pas à se re-
mettre quand elle a contemplé à diverses
reprises la suavité de ce divin visage.

Elle admire cette tête radieuse, cette
noble chevelure parfumée d'ambroisie, ce
cou blanc comme du lait, ces joues éblouissantes de fraîcheur, sur lesquelles sont
semées des boucles gracieuses de cheveux,
tandis que d'autres reposent sur le front
et d'autres en arrière. Leur éclat était si
flamboyant, qu'il faisait vaciller la lumière
même de la lampe. Aux épaules du dieu

qui voltige brillent de petites ailes d'une exquise délicatesse et où l'incarnat de la rose se marie à la blancheur du lis. Quoiqu'elles soient en repos, le doux et moelleux duvet qui les borde frémit avec un doux bruissement et ne cesse de s'agiter. Le reste de son corps est brillant et poli comme l'ivoire, tel enfin que Vénus n'ait point à rougir de ce fils.

Au pied du lit reposaient un arc, un carquois et des flèches, traits dociles du dieu puissant. Psyché ne peut se rassasier de les voir. Dans sa curiosité elle examine, elle manie et admire les armes de son époux; elle tire du carquois une flèche, et veut essayer le bout de la pointe à l'extrémité de son pouce. En la tenant, ses deux doigts tremblent; cependant elle fait un petit effort, et se pique assez profondément pour qu'à la surface de sa peau viennent s'épanouir quelques gouttes d'un sang rosé. Ainsi, sans le savoir, Psyché se rend elle-même amoureuse de l'Amour, et devient éprise d'une passion de plus en plus ardente pour celui qui fait naître les passions. Elle se penche avidement sur lui, la bouche

entr'ouverte de plaisir; elle lui prodigue
avec feu les baisers les plus tendres et les
plus empressés, tout en craignant d'abré-
ger la durée de son sommeil.

Mais tandis qu'elle s'enivre de tant de
délices, et que, blessée au cœur, elle flotte
irrésolue, tout à coup la lampe (était-ce
noire perfidie? était-ce jalousie coupable?
était-ce qu'elle voulait toucher un si beau
corps et le baiser en quelque sorte à son
tour?), la lampe laisse tomber de son lu-
mineux foyer une goutte d'huile bouillante
sur l'épaule droite du dieu. Lampe auda-
cieuse et téméraire! ah! n'étais-tu pas indigne de prêter ton ministère aux amours.
Tu brûles le dieu même qui allume toute
flamme, toi qu'un amant inventa le premier, afin que plus longtemps et la nuit
même ses yeux pussent jouir d'appas adorés.

A cette brûlure le dieu se réveille en
sursaut; et, voyant que son secret a été
outrageusement trahi, il s'envole, sans
dire un seul mot, loin des regards et des
mains de sa malheureuse épouse. Mais
Psyché, à l'instant même où il se relevait,

lui avait des deux mains saisi la jambe
droite. L'infortunée s'attache à lui dans la
course aérienne qu'il parcourt; même au
sein des nuages où il plane, elle accompagne sa trace; mais, fatiguée enfin, elle
retombe en glissant jusque sur la terre.
Le dieu qui l'aimait encore ne l'abandonna
pas ainsi étendue; et, volant sur un cyprès
voisin, du sommet de cet arbre il lui parla
ainsi avec une émotion profonde :

« Trop crédule Psyché, j'avais oublié les
ordres de ma mère : au lieu de vous inspirer, comme elle le voulait, de la passion
pour un homme sans fortune et du dernier
rang, au lieu de vous enchaîner dans un
indigne mariage, c'est comme un amant
que j'ai préféré voler vers vous. En cela
j'ai agi à la légère, je le sais; et le dieu dont
les flèches sont si vantées s'est lui-même
frappé d'un de ses traits : j'ai fait de vous
mon épouse. Était-ce donc pour qu'en moi
vous vissiez un monstre? pour que votre
main tranchât avec le fer une tête où sont
des yeux qui vous adorent? Que de fois
j'ai fait appel à votre prudence! que d'avis
bienveillants je vous ai prodigués! Vos

8

dignes conseillères ne tarderont pas à ex-
pier les pernicieuses leçons qu'elle vous
ont données. Pour vous, je ne vous aurai
punie que par ma fuite. » En terminant
ces mots, il s'envola dans les airs et dispa-
rut.

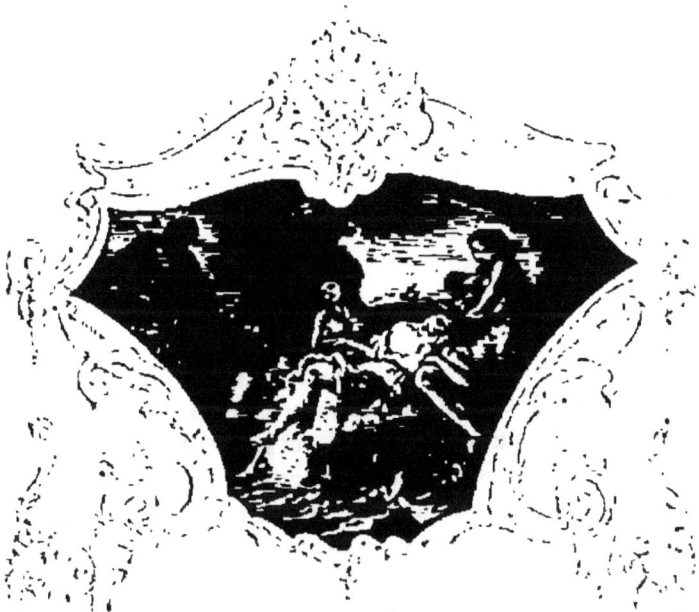

V

Psyché prosternée à terre, et suivant aussi loin que ses yeux le lui permettaient l'essor de son époux, exhalait en accents lamentables l'affliction de son cœur. Lorsque, par un vol rapide, il se fut dérobé à ses regards, elle courut se précipiter dans un fleuve qui coulait non loin de là. Mais le fleuve indulgent, pour honorer sans doute le dieu qui a coutume d'enflammer les eaux mêmes, et aussi par crainte, la soulève aussitôt sur ses vagues sans lui faire aucun mal et la dépose sur le gazon fleuri de ses rives.

En ce moment par hasard, Pan, le dieu
rustique, était assis sur un tertre voisin
du fleuve. Il avait détaché de la terre
quelques-uns de ces roseaux qui furent
la nymphe Canna; et les ayant réunis,
il leur apprenait à reproduire toutes sortes
de sons. Près du bord folâtraient des
chèvres qui paissaient çà et là, broutant
l'herbe du rivage. Le dieu aux pieds de
bouc aperçut Psyché dans cet état de
souffrance. Il savait son aventure, et, l'appelant avec douceur auprès de lui, il la
consola ainsi : « Ma belle enfant ! je ne suis
qu'un campagnard, qu'un gardeur de
chèvres ; mais grâce à ma vieillesse
avancée j'ai acquis beaucoup d'expérience.
Or, si je ne me trompe pas dans mes conjectures (et c'est ce que les hommes sen-
sés appellent précisément la science divi-
natoire), cette démarche incertaine et le
plus souvent chancelante, cette pâleur
excessive de votre personne, ces soupirs
continuels, et en outre ces yeux noyés de
larmes, tout me fait voir que vous avez
quelque grand chagrin d'amour. Écoutez-
moi : ne persistez pas à vous précipiter

ou à vouloir périr. Séchez vos larmes, calmez votre douleur ; et bien plutôt offrez l'hommage de vos prières à Cupidon, le plus grand des dieux. Comme il est jeune, voluptueux et sensible, une tendre soumission vous le rendra propice. »

Ainsi parla le dieu pasteur. Psyché ne lui répondit pas mais seulement elle l'adora comme une divinité protectrice, et continua sa route. Après avoir erré quelque temps avec beaucoup de fatigue, tout en suivant un sentier inconnu, elle se trouva près d'une ville où régnait le mari d'une de ses sœurs. Psyché, s'en étant assuré, fit annoncer sa présence à cette sœur. Bientôt elle est introduite ; et quand les caresses et les compliments ont été échangés de part et d'autre, on lui demande le motif de sa venue. Elle commence ainsi :

« Tu te rappelles le conseil que vous me donnâtes toutes deux : vous me dîtes qu'un monstre, sous le faux nom de mari, passait les nuits avec moi ; et vous me persuadâtes, avant qu'il engloutît la malheureuse Psyché dans ses entrailles avides, de le tuer avec un poignard à deux tranchants.

J'avais moi-même comme vous approuvé
ce dessein ; mais à l'instant où j'approchais
de son visage la lampe qui me prêtait sa
lumière, je fus frappée d'un spectacle merveilleux et surnaturel : c'était le fils, le fils
même de la déesse Vénus ; c'était, dis-je,
Cupidon en personne, qui reposait dans le
sein d'un paisible sommeil. Transportée
par le charme ravissant d'une telle vue et
troublée par l'excès d'un violent amour, je
ne pouvais éteindre mes désirs tumultueux.
Soudain, ô malheur sans égal ! la lampe
qui brûlait laissa tomber une goutte
d'huile bouillante sur son épaule. La douleur le réveilla aussitôt brusquement, et
comme il me vit armée du fer et du feu :
« Allez, me dit-il, votre crime est horrible ;
sortez à l'instant de mon lit, et prenez ce
qui vous appartient. Ce sera votre sœur (et
il prononçait le nom que tu portes), ce sera
votre sœur que j'épouserai en lui offrant
les présents d'usage ; et aussitôt il donna
l'ordre à Zéphyr de me transporter d'un
souffle au delà des bornes de sa demeure. »
    Psyché n'avait pas encore fini de parler,
que l'autre, excitée par une folle passion

et par la jalousie criminelle qui la tour-
mentait, fabrique un conte pour tromper
son mari; et, sous prétexte qu'elle vient
d'apprendre la mort de ses parents, elle
s'embarque aussitôt. Elle arrive au plus
vite à ce rocher; et quoique ce fût un
autre vent qui soufflât alors, cependant
aveuglée par son espoir et par son impatience : «Reçois-moi, Cupidon, reçois une
épouse digne de toi, se met-elle à crier, et
toi, Zéphyr, soutiens la souveraine. » En
même temps elle s'élance avec force, et
se précipite. Cependant elle ne put parvenir dans le vallon, même au prix de ses
jours; car les angles des rochers se ren-
voyèrent ses membres en les dispersant.
Elle eut le sort qu'elle méritait : ses entrailles furent mises en pièces, et offrirent
sur la route une pâture aux oiseaux de
proie et aux bêtes sauvages. La voilà morte.

Le châtiment de la seconde ne tarda
guère non plus. En effet, Psyché, recom-
mençant sa course errante, parvint à une
autre ville, où pareillement demeurait son
autre sœur. Déterminée de même par un
récit fallacieux, et brûlant de supplanter

sa sœur cadette par un mariage criminel,
la voilà qui court au rocher avec empressement; mais elle est également précipitée,
et subit un semblable trépas.

Pendant que Psyché, ne pensant qu'à
trouver Cupidon, faisait le tour du monde;
lui, souffrant de la blessure de la lampe,
gémissait couché dans le lit même de sa
mère. Alors cet oiseau tout blanc, qui
nage en les rasant de son aile à la surface
des mers, la mouette, s'empresse de plon-
ger dans les flots. Elle va trouver la belle
Vénus, qui se baignait et nageait au fond de
l'Océan; et, s'abattant à ses côtés, elle lui
apprend que son fils est grièvement blessé
d'une brûlure et accablé de chagrin; qu'il
garde le lit, sans trop savoir s'il s'en relè-
vera; que dans tout l'univers ce ne sont que
rumeurs et plaintes injurieuses; qu'on fait
une mauvaise réputation à Vénus et à sa
famille; qu'on dit ne les voir plus nulle part,
le fils étant dans les montagnes avec une
femme de mauvaise vie, et la mère se diver-
tissant à se baigner sous les flots; partant,
plus de volupté, de grâce, d'enjouement;
tout est négligé; tout prend un air sauvage

et affreux : il n'y a plus de noces, de mariages, plus de ménages unis, plus d'enfants adorés; c'est un désordre incroyable; on se joue des serments avec un dédain scandaleux. Ainsi cet oiseau bavard vient aux oreilles de Vénus déchirer son fils et le diffamer par son caquet.

Vénus, outrée de colère, s'écrie tout à coup : « Ainsi donc, mon bon sujet de fils a déjà une maîtresse! Fais-moi connaître, toi qui seule me sers avec dévouement, fais-moi connaître le nom de celle qui a débauché un garçon si simple et encore sans barbe. Est-ce quelqu'une des Nymphes? des Heures? des Muses? une des Grâces qui sont à mon service? » L'oiseau bavard n'eut garde de se taire : « Maîtresse, répondit-il, je ne saurais vous dire; pourtant je crois que c'est une jeune fille qui s'appelle Psyché; il en est éperdûment amoureux. — Quoi! en vérité! s'écrie Vénus avec indignation, il aime cette Psyché, rivale de mes appas, et qui prétend me ravir mon nom! C'est donc à dire que le marmot me prend pour une pourvoyeuse, et il a précisément fallu que je lui montrasse cette donzelle pour qu'ils fissent connaissance!»

En maugréant ainsi, elle sort avec précipitation de la mer, gagne aussitôt sa magnifique demeure; et, trouvant son fils malade comme on le lui avait appris, dès la porte elle se met à crier de toutes ses forces : «Voilà une honnête conduite, bien propre à recommander et notre famille et votre moralité! Il fallait donc d'abord que vous débutassiez par fouler aux pieds les ordres de votre mère, il y a plus, de votre reine. Pourquoi n'avoir pas fait subir à ma rivale la honte d'un amour ignoble? Ensuite était-ce à un bambin de votre âge qu'il était permis d'en faire sa femme? n'êtes-vous pas trop jeune pour vouloir m'imposer une bru qui serait mon ennemie? Sans doute vous présumez, petit brouillon, petit séducteur, petit monstre qu'on déteste, que vous pouvez seul avoir des enfants, et que je ne suis plus d'âge à devenir mère. Je suis bien aise de vous apprendre que j'aurai un autre fils, qui vaudra beaucoup mieux que vous. En outre, pour vous faire subir un affront plus sensible, j'adopterai quelqu'un de mes petits

laquais; c'est à lui que je donnerai vos
ailes, votre flambeau, votre arc, vos flèches
même; c'est tout un équipement qui m'appartient, et je ne vous l'avais pas confié
pour cet usage. Du reste, ce n'est pas du
tout de la fortune de votre père que l'on
a pris pour vous le fournir. Mais vous
avez été mal élevé dès votre plus tendre en-
fance; vous avez les gestes pétulants. Que
de fois vous avez irrévéremment battu
ceux qui étaient plus âgés que vous! Moi-
même, votre mère, parricide que vous êtes,
ne me dépouillez-vous pas tous les jours?
ne m'avez-vous pas frappée cent fois? ne
me méprisez-vous pas, comme si je n'avais
plus de mari? Et votre beau-père, ce grand
et vigoureux militaire, vous n'en avez pas
la moindre peur. Que dis-je? afin de me
faire enrager, vous faites le galant pour
lui, et vous lui procurez des demoiselles.
Ah! je vous ferai repentir de vos fredaines:
il vous en cuira pour ce mariage.

« Mais maintenant, devenue ainsi le jouet
de tout le monde, que ferai-je? Où me cacher? de quelle manière punir ce petit serpent? Implorerai-je l'assistance de mon

ennemie, la Sobriété, que j'ai si souvent
offensée pour satisfaire les fantaisies de cet
enfant? Faut-il que j'aille me compromettre
avec une femme si grossière et si négligée
dans son extérieur? Cette idée me fait fré-
mir. Et pourtant la vengeance a ses consolations, qu'à tout prix je ne veux pas dé-
daigner. Oui, c'est à la Sobriété que j'aurai recours. Elle châtiera vertement mon
fripon, lui dégarnira son carquois, lui désarmera ses flèches, dénouera la corde de
son arc, éteindra son flambeau; et pour sa
personne, elle saura bien s'en rendre maîtresse avec des remèdes violents. L'expia-
tion de mon injure ne sera complète que
quand elle aura rasé ces cheveux dont les
flots d'or ont si souvent passé par mes
doigts, quand elle aura rogné ces ailes que
mon sein arrosa des flots de son nectar. »

Ayant ainsi parlé, elle s'élance furieuse
hors de son palais. La colère lui boule-
verse la bile; et quelle colère que celle de
Vénus! Mais elle est sur-le-champ abordée
par Cérès et par Junon. Les déesses, lui
voyant le visage si animé, lui demandent
la cause de cet air farouche qui gâte le

charme et l'éclat de ses beaux yeux ? « Je
vous rencontre à propos, leur dit-elle :
mon cœur est tellement enflammé que je
me laisserais aller à quelque violence. Faites
tout ce que vous pourrez au monde pour
me trouver cette Psyché, qui s'est enfuie,
envolée je ne sais où. Car vous n'ignorez
pas sans doute le scandale trop fameux de
ma maison, ainsi que l'escapade de celui
que je ne dois plus appeler mon fils. »

Alors les déesses, qui savaient ce qui
s'était passé, entreprirent de calmer ainsi
le violent courroux de Vénus : « Quel si
grand forfait, madame, a donc commis votre
fils, pour que vous vous obstiniez à com-
battre ses penchants et pour que vous vou-
liez aussi la perte de celle qu'il aime ? Quel
crime, de grâce, est-ce donc à lui de faire les
yeux doux à une jolie fille ? Ne savez-vous
pas que c'est un garçon et un jeune homme ?
ou bien avez-vous déjà oublié son âge ?
Est-ce parce qu'il porte gentiment ses an-
nées, qu'il vous paraît toujours un enfant ?
Au reste, vous qui êtes mère, et de plus
femme sensée, voudrez-vous toujours sur-
veiller attentivement ses amourettes, lui

reprocher ses galanteries, contrarier ses
inclinations et condamner dans ce fils charmant vos pratiques et vos délices? Quel
dieu, quel mortel souffrira que, dissémi-
nant chez tous les peuples les tendres
désirs, vous interdisiez la douceur d'aimer
aux Amours de votre famille, et que vous
leur défendiez la passion des femmes? c'est
carrière ouverte à tout le monde. » Ainsi les
déesses, redoutant les flèches de Cupidon,
présentaient la défense de l'absent à qui
elles voulaient faire leur cour. Mais Vénus,
indignée que l'on traite de plaisanteries les
affronts qu'elle a reçus, les laisse l'une et
l'autre derrière elle, et, se remettant en
marche, elle porte ses pas vers la mer.

VI

Cependant Psyché courait de mille côtés
différents. Jour et nuit occupée à la recherche de son époux, elle ne prenait aucun repos, et le désir de son cœur en aug-
mentait davantage. Quelque irrité qu'il fût,
elle voulait, sinon l'adoucir par les caresses
d'une épouse, du moins le désarmer par
les supplications d'une esclave. Ayant de
loin aperçu un temple sur le sommet d'une
montagne escarpée : Qui sait, dit-elle, si là
ne réside pas mon seigneur et maître ? et
soudain elle se dirige avec ardeur vers le
but où, malgré tant de fatigues, l'entraînent

et ses espérances et ses vœux. Quand elle
a courageusement gravi ces prodigieuses
hauteurs, elle s'introduit jusqu'auprès du
sanctuaire. Elle voit des épis de froment
amoncelés, d'autres tressés en couronne;
elle voit également des épis d'orge. Il y
avait aussi des faux et un attirail complet
pour les travaux de la moisson; mais le
tout était jeté pêle-mêle et confondu sans
aucun soin, comme il arrive quand les tra-
vailleurs sont fatigués et haletants. Psyché
démêle soigneusement cet amas: elle sé-
pare, elle range tout en ordre, convaincue
que, loin de pouvoir négliger le temple et
le cérémonial d'aucune divinité, elle doit
implorer de toutes une compassion bien-
veillante.

Pendant qu'elle apporte à ce travail le
zèle le plus actif et le plus consciencieux,
Cérès la nourricière l'aperçoit; et pous-
sant aussitôt une longue exclamation: «Ah!
malheureuse Psyché! Vénus cherche avec
anxiété dans tout l'univers la trace de tes
pas: rien n'égale sa fureur et son désir de
te rencontrer. Elle veut te faire périr du
dernier supplice; et pour se venger elle

met en œuvre tout ce qu'elle a de puissance. Et toi, cependant, tu prends soin
de mes intérêts, tu penses à tout autre
chose qu'à ton salut. Alors Psyché se
prosterne à ses genoux; de ses cheveux
elle balaye le sol, arrose de larmes abon-
dantes les pieds de la déesse, et implore sa
protection avec les plus ferventes prières :

« Par votre main qui donne les fruits de la
terre, par les joyeuses cérémonies des
moissons, par les mystères secrets des cor-
beilles, par le chariot ailé des dragons qui
vous obéissent, par les sillons de la fertile
Trinacrie, par le char ravisseur, par la
terre qui retient Proserpine, par le théâtre
souterrain de son ténébreux hyménée, par
les flambeaux à la lueur desquels vous sor-
tîtes des enfers après l'avoir retrouvée,
par toutes les autres consécrations que
voile d'un mystérieux silence le sanctuaire
de l'Éleusis Attique; prenez sous votre protection la vie de la malheureuse Psyché,
qui se constitue votre suppliante. Souffrez
que je me cache, ne fût-ce que peu de jours,
au milieu de cet amas d'épis : jusqu'à ce
que le temps ait calmé la fureur d'une si

10

puissante déesse, ou qu'un intervalle de repos ait enfin ranimé mes forces abattues.

Cérès lui répond:«Tes larmes et tes prières
m'ont émue. Sans doute je voudrais te secourir. Mais Vénus est ma parente : les
liens de l'amitié depuis longtemps m'u-
nissent à elle, c'est de plus une femme
excellente; je ne puis m'exposer à lui être
désagréable. Sors donc au plus tôt de ce
temple, et trouve-toi bien heureuse que je
ne te retienne pas sous bonne garde. » Re-
poussée contrairement à son espoir, Psyché s'éloigne, et son cœur est doublement
désolé. Elle retourne sur ses pas; et à
travers l'épaisseur d'un bois placé à ses
pieds dans un vallon, elle aperçoit de loin
un temple d'élégante architecture. Voulant
ne négliger aucune chance d'un espoir
meilleur et implorer l'assistance de toute
divinité, elle s'approche des portes saintes.
Elle voit des offrandes superbes, des robes
brodées de lettres en or, suspendues aux
branches des arbres et aux portes, et qui
attestent, avec les détails du bienfait, le
nom de la déesse à qui elles ont été con-
sacrées. Alors mettant un genou en terre

et embrassant de ses mains l'autel tiède
encore, après avoir essuyé ses larmes elle
fait cette prière :

« Épouse et sœur du grand Jupiter, soit
que vous habitiez votre antique temple
dans cette Samos qui se glorifie de vous
avoir donné le jour, d'avoir entendu vos
premières plaintes et vos vagissements,
de vous avoir allaitée ; soit que vous fré-
quentiez les demeures heureuses de l'al-
tière Carthage, qui vous adore sous les
traits d'une vierge transportée aux cieux
par un dragon ; sóit que près des rives de
l'Inachus, qui depuis longtemps vous pro-
clame l'épouse du maître du tonnerre et
la reine des déesses, vous présidiez aux
célèbres murailles d'Argos ; vous que tout
l'Orient vénère sous le nom de Zygia, tout
l'Occident, sous celui de Lucine : dans mon
infortune extrême soyez pour moi Junon
Protectrice ; considérez la détresse où
m'ont plongée toutes mes fatigues ; déli-
vrez-moi du péril imminent que je redoute. Si je ne m'abuse, vous avez coutume
de prêter de vous-même assistance aux
femmes enceintes qui sont en danger. »

Telles étaient ses supplications, quand
aussitôt Junon se présente à elle dans tout
l'éclat imposant de sa divinité; et sur-le-
champ : « Que je voudrais, dit la déesse, par
tout ce que j'ai de plus sacré, accorder à
tes instances ce que tu désires de moi! Mais
puis-je résister à la volonté de Vénus, ma
bru, que j'ai toujours chérie comme ma
fille? La pudeur me le permet-elle? D'ailleurs les lois qui ordonnent de ne pas re-
cueillir malgré leurs maîtres les esclaves
des autres quand ils ont pris la fuite, me
retiendrait encore. » Ce nouveau coup du
destin accable tout à fait Psyché. Ne pouvant retrouver son époux ailé, et n'ayant
désormais aucun espoir de salut, elle se
met à faire en elle-même ces réflexions :
Quels secours maintenant puis-je tenter,
puis-je obtenir dans mon malheur, moi à
qui des déesses même, malgré leur bonne
volonté n'ont pu donner des preuves d'in-
térêt? Environnée de tant de piéges, où
porterai-je de nouveau mes pas? Quels toits,
quelles ténèbres même me cacheront tellement, que j'échappe au regard inévitable
de la puissante Vénus? Il faut enfin t'ar-

mer d'une mâle énergie. Aie la force de
renoncer à un reste d'espoir trompeur.
Livre-toi volontairement à la souveraine :
ta soumission, même tardive, désarmera sa
colère et sa cruauté. Sais-tu même si celui
que tu cherches depuis longtemps ne se
trouvera pas dans le palais de sa mère ?
Préférant ainsi les chances d'une capitula-
tion douteuse plutôt qu'une perte assurée,
elle méditait par où elle commencerait
ses supplications.

Cependant Vénus, renonçant aux moyens
d'investigation sur la terre, veut monter
dans l'Olympe. Elle fait équiper le char que
Vulcain, le merveilleux orfèvre, lui avait
fabriqué avec tout le soin et le talent dont
il est capable, et dont il lui avait fait hommage comme présent de noces avant la
consommation de leur hyménée. C'est un
admirable ouvrage, que la lime en amin-
cissant le métal a rendu encore plus écla-
tant, et auquel la perte même de cet or
donne un prix nouveau, Des nombreuses
colombes qui stationnent autour de l'appartement de la déesse, quatre s'avancent
joyeusement, éblouissantes de blancheur;

et, tournant leurs cous nuancés, elles passent leur tête dans un joug étincelant de pierreries. Leur maîtresse se place, et elles prennent gaiement leur vol. Le char de la déesse est suivi par des passereaux qui folâtrent et font entendre un gazouillement confus; les autres oiseaux annoncent par de moelleux et suaves accords l'arrivée de la déesse. Les nuages s'écartent, le ciel ouvre ses portes à sa fille, le sublime empyrée reçoit la déesse avec transport; et le cortége harmonieux de la puissante Vénus ne redoute la rencontre ni des aigles ni des rapaces vautours.

Sur-le-champ elle se dirige vers le royal palais de Jupiter, et d'un ton superbe elle lui demande le ministère de Mercure à la voix sonore, dont elle a besoin pour ses projets. Le noir sourcil de Jupiter atteste qu'il consent. Aussitôt triomphante, Vénus descend du ciel, accompagnée en même temps de Mercure; et la belle solliciteuse lui adresse ces paroles : « Mon frère l'Arcadien, vous savez que votre sœur Vénus n'a jamais rien fait sans la présence de Mercure; d'un autre côté, vous n'ignorez pas depuis combien de temps je cherche, sans réussir, l'esclave qui se dérobe à moi. Il ne me reste donc plus d'autres ressources que de faire savoir publiquement, par votre organe, qu'il y aura une récompense pour qui la trouvera. Je vous prie de combler au plus tôt mes désirs, et d'indiquer d'une manière bien positive son signalement; afin que si plus tard nous accusons quelqu'un de l'avoir illicitement cachée, le recéleur ne puisse se justifier par le prétexte de son ignorance. » En disant ces mots, elle lui présente un papier qui contient le nom de Psyché et les autres indications, et retourne aussitôt chez elle.

Mercure ne manque pas d'obéir. Il court chez toutes les nations, d'un bout du monde à l'autre; et il fait dans les termes suivants l'annonce que désire la déesse : « Une esclave nommée Psyché, fille de roi et appartenant à Vénus, a pris la fuite. On prie celui qui pourra l'arrêter ou bien indiquer en quel endroit elle se cache, d'en donner avis à Mercure, chargé de la présente publication, derrière les Pyramides Murtiennes. Il recevra pour prix de ses ren-

seignements sept doux baisers de Vénus
elle-même, et un dernier plus délicieux que
tous les autres, donné avec la langue sur
la bouche. » Quand Mercure eut publié cette
annonce, le désir d'une récompense si précieuse excita chez tous les mortels un
empressement extraordinaire. Aussitôt les
irrésolutions de Psyché cessèrent.

Déjà elle approchait des portes de sa
souveraine, quand elle vit s'avancer à sa
rencontre une des suivantes de Vénus,
nommée l'Habitude ; et aussitôt celle-ci
s'écria le plus haut qu'il lui fut pos-
sible : « Enfin donc, détestable servante,
tu as commencé à savoir que tu avais
une maîtresse. Fidèle à tes scandaleux désordres, feindras-tu aussi d'ignorer combien de fatigues nous avons supportées à
courir après toi ? Par bonheur, tu es tombée entre mes mains, te voilà bel et bien
dans les griffes de l'Enfer ; tu vas être punie
comme il faut de ta rébellion. » En même
temps elle la saisissait audacieusement par
les cheveux, et elle l'entraînait sans que la
pauvrette fît la moindre résistance.

Aussitôt qu'elle eut été introduite et pré-

sentée à Vénus, à sa vue la déesse poussa
un bruyant éclat de rire, comme quand on
est fortement en colère; puis hochant la
tête et se grattant l'oreille droite : « Enfin,
dit-elle, vous avez daigné venir saluer
votre belle-mère. Ou n'est-ce pas plutôt
votre mari, dangereusement malade par
une blessure de votre fait, que vous êtes
curieuse d'entrevoir? Mais soyez tranquille ;
je vais vous accueillir comme il se doit à
l'égard d'une bonne bru. Où sont, ajouta-
t-elle, l'Inquiétude et la Tristesse, deux de
mes servantes ? » Lorsqu'on eut fait entrer
celles-ci, elle la livra à leurs tortures.
Suivant les ordres de leur maîtresse, l'une
et l'autre se mirent à flageller cruellement
la pauvre Psyché, à l'accabler de tous les
traitements les plus affreux, et elles la
replacèrent sous les yeux de la déesse.

Vénus se prit à rire de nouveau : « Voilà
donc ce ventre dont la grossesse doit
m'enchanter et me faire incliner vers l'indulgence! De là doit sortir le fruit glorieux qui me procurera le bonheur d'être
grand'mère ! Félicité suprême, en effet, de
s'entendre nommer grand'mère à la fleur

11

même de son âge, et de savoir que l'enfant
d'une misérable servante est appelé petit-
fils de Vénus ! Mais que dis-je ? je suis folle ;
j'ai tort de dire que ce sera mon petit-fils.
Le mariage est nul : il a été consommé
dans une campagne, sans témoins, sans le
consentement du père ; il ne saurait être
légitime ; et l'enfant sera un bâtard, en
supposant toutefois que nous te laissions le
temps de le mettre au monde. »

En achevant ces mots elle vole sur elle,
lui déchire ses vêtements en mille endroits,
lui arrache les cheveux, lui meurtrit la tête
en la frappant avec la dernière violence.
Ensuite elle se fait apporter du froment,
de l'orge, du millet, de la graine de pavot,
des pois, des lentilles et des fèves. Elle
mêle, elle confond le tout ensemble, de
manière à n'en faire qu'un monceau. Puis,
s'adressant à elle : « Quand on est si laide et
qu'on n'est qu'une servante, il me semble
qu'on n'a d'autre moyen de se procurer des
amants qu'en déployant tout son zèle à leur
service. Eh bien, je veux éprouver moi-
même à quoi tu es bonne. Sépare-moi cet
amas de semences que j'ai confondues ;

mets de côté chaque graine une à une : il faut qu'avant ce soir tu soumettes à mon approbation cet ouvrage expédié. » Elle lui désigne la masse énorme de grains, et sort pour aller à un repas de noces.

Psyché ne songe même pas à porter les mains à ce monceau confus et inextricable ; mais consternée de la barbarie d'un tel ordre, elle garde un silence de stupeur. Alors la fourmi, ce petit insecte qui habite la campagne, appréciant une difficulté si grande, prit en pitié les malheurs de l'épouse d'un dieu puissant. La cruauté d'une semblable belle-mère l'indigne. Elle court de côté et d'autre avec activité, elle convoque et réunit toute la classe des fourmis ses voisines : « C'est à votre compassion, filles agiles de la terre féconde, c'est à votre compassion que j'en appelle. Venez, pleines de zèle et d'empressement, secourir une jeune beauté épouse de l'Amour. » A l'instant, comme des vagues, s'agitent en se précipitant les unes à la suite des autres ces peuplades à six pieds. D'une ardeur sans égale, elles démêlent grain à grain tout le monceau ; et, après

avoir fait des tas distincts, avoir séparé
les espèces, elles se dérobent promptement aux regards. Mais au commencement de la nuit Vénus revient du repas de
noces, abreuvée de rasades, répandant une
odeur de baume et le corps entier ceint
de roses éblouissantes. Quand elle a vu la
diligence apportée à ce merveilleux travail : « Ce n'est pas toi, coquine! s'écrie-
t-elle, ce ne sont pas tes mains qui ont accompli cet ouvrage; c'est le perfide à qui
pour son malheur comme pour le tien tu
as voulu plaire. Et, lui jetant un morceau
de pain grossier, elle va se mettre au lit.

VII

Cependant Cupidon, captif et retenu dans un appartement isolé au fond du palais, était cloîtré sévèrement, en partie pour que sa pétulance et ses folies n'aggravassent pas sa blessure, en partie pour qu'il n'eût pas de rendez-vous avec sa belle. C'est ainsi que séparés, et sous un même toit écartés l'un de l'autre, les amants passèrent une nuit cruelle. Dès que l'Aurore fut montée sur son char, Vénus appela Psyché et lui dit : « Vois-tu ce bois ? Il suit dans toute leur longueur les rives d'un fleuve aux eaux profondes, qui prend sa

source dans le voisinage. Des brebis écla-
tantes et dont la toison brille de la couleur de l'or y paissent à l'aventure et sans
gardien. Tu vas sur-le-champ te procurer,
de quelque façon que ce soit, un flocon de
laine de leur précieuse toison, et tu me le
rapporteras. Telle est ma volonté. »

Psyché partit avec empressement non
pour remplir cet ordre, mais pour se précipiter contre les rochers du fleuve et y
trouver le repos de ses souffrances. Mais
du sein même de ce fleuve un vert roseau,
mélodieux organe d'harmonie, laissa doucement exhaler, par une inspiration divine,
ces tendres paroles de favorables augures :
« Psyché, que tant d'infortunes ont pour-
suivie, ne souillez pas la sainteté de mes
ondes par votre trépas malheureux; et
d'un autre côté, n'approchez point des
brebis formidables qui paissent sur ces
bords. Quand le soleil brûlant leur a com-
muniqué sa chaleur, une rage brutale
les emporte ordinairement; et de leurs
cornes aiguës, de leur front de pierre,
quelquefois de leurs morsures empoisonnées, elles donnent aux humains une

mort terrible. Mais lorsqu'une fois midi
passé, les ardeurs du soleil seront ralen-
ties, et que les fraîches émanations de la
rivière, auront calmé les esprits de ces
animaux, vous pourrez, sous ce haut pla-
tane qui s'alimente avec moi des eaux d'un
même courant, vous cacher sans crainte
d'être aperçue. Et aussitôt que les brebis,
dont la fureur sera apaisée, commenceront
à prendre du repos, en battant les feuilles
des arbres voisins vous trouverez de la
laine d'or qui reste et s'attache de tous
côtés aux branches. » C'est ainsi que le Roseau, plein de franchise et d'humanité, en-
seignait à la malheureuse Psyché les
moyens d'assurer son salut. Munie de ces
instructions dont elle ne devait pas avoir
à se repentir, elle ne s'abandonna plus au
découragement : elle observa tout, déroba
facilement des flocons de cette soyeuse
toison d'or, en remplit son sein, et vint
les rapporter à Vénus.

L'issue de cette seconde épreuve ne se-
conda pourtant pas les vœux de Psyché et
ne lui valut pas un témoignage flatteur.
Vénus fronça le sourcil, et souriant avec

amertume : « On ne m'abuse pas, dit elle : je reconnais encore ici, le fait d'un conseiller perfide. Mais je vais décidément m'assurer si tu as une véritable force de caractère et une prudence digne d'être vantée. Vois-tu sur cette haute montagne un roc escarpé qui la domine ? De là s'échappe en flots noirâtres une source ténébreuse qui coule dans l'enceinte d'une vallée voisine, pour se jeter ensuite dans les marais du Styx et alimenter les rauques courants du Cocyte. Eh bien, tu graviras jusque-là même, tu iras tout à fait à l'endroit où la source commence à jaillir, tu puiseras de son onde glaciale et tu en rempliras cette petite bouteille pour me la rapporter sur-le-champ. » A ces mots, elle lui remet un flacon de cristal poli, la menaçant en outre de châtiments plus terribles.

Psyché, pleine de zèle, parvient d'un pas rapide jusqu'au plus haut sommet de la montagne, pour y trouver au moins le terme de sa déplorable existence. Mais à peine touche-t-elle aux lieux qui avoisinent la roche désignées, qu'elle voit et l'immensité de la tâche et des obstacles

faits pour donner la mort. En effet, ce roc
s'élevait à une effroyable hauteur : on ne
pouvait le gravir, tant il était glissant et
escarpé ; et c'était du milieu de ses flancs
qu'étaient vomies les terribles ondes.
A peine échappées des crevasses du roc,
elles glissaient le long de sa pente, s'encais-
saient dans un canal étroit pour se précipiter dans la vallée. Du creux des rochers,
à droite et à gauche, on voyait sortir des
dragons furieux, au cou allongé, aux yeux
sans cesse ouverts, sentinelles vigilantes
dont le regard infatigable ne se voilait
jamais à la lumière. Du reste, ces eaux,
qui étaient parlantes, se défendaient elles-
mêmes : Retire-toi ! Que fais-tu ? Où vas-tu?
Prends garde ! Fuis ! Tu vas périr ! Telles
étaient leurs incessantes exclamations.

L'impossibilité de réussir avait fait de
Psyché elle-même une pierre. Son corps
était là, mais le sentiment n'y était plus ;
accablée sous le poids du danger qu'elle ne
pouvait fuir, elle n'avait pas même la
dernière consolation de verser des larmes.
Les souffrances de cette âme innocente
n'échappèrent pas à l'œil puissant de la

12

secourable Providence; car tout à coup le
royal oiseau du grand Jupiter déploya ses
ailes et s'abattit à ses côtés. Il s'était sou-
venu qu'autrefois, pour obéir à son maître
et dirigé par l'amour, il avait enlevé un
jeune Phrygien destiné à devenir l'échanson du dieu, et il voulut, intervenant à
propos, honorer l'épouse de Cupidon. Des
hauteurs de l'empyrée il est venu voltiger
sous les yeux de la jeune fille : « Simple
comme vous l'êtes, lui dit-il, et étrangère
à de telles épreuves, espérez-vous pouvoir
dérober même une goutte de cette source
aussi terrible que sacrée? Espérez-vous
seulement en approcher? N'avez-vous pas
entendu dire que les dieux aussi, et même
Jupiter, redoutent ces ondes du Styx, et
que les serments que les mortels font par
la puissance des dieux, les dieux ont coutume de les faire par la majesté du Styx?
Donnez-moi votre urne. » Il s'en empare et,
balançant ses lourdes ailes comme des
rames, il passe au milieu de ces dragons
à la mâchoire armée de dents furieuses, à la
langue qui vibre en triple dard. Quand les
ondes courroucées lui ordonnent avec

menace de se retirer sans commettre de
sacrilége, il leur fait un conte, disant qu'il
est venu par l'ordre de Vénus, et de cette
manière obtient un accès plus facile.

Psyché, prenant avec joie le flacon rem-
pli, se hâte de le reporter à Vénus; et cependant, même cette fois, elle ne peut
désarmer la colère de l'implacable déesse,
qui l'apostrophe en ces termes, avec un
sourire infernal : « Je vois que tu es une
magicienne versée dans la science des
maléfices, puisque tu as obéi à mes ordres
avec tant de célérité. Mais voici, ma pou-
lette, ce que tu dois encore faire pour
moi. Prends cette boîte, dirige-toi jusqu'aux Enfers et jusqu'aux sombres pénates
de l'Orcus lui-même. Puis présentant la
boîte à Proserpine : « Vénus, lui diras-tu,
« vous prie de lui envoyer un peu de votre
« beauté; ne serait-ce qu'autant qu'il lui en
« faut pour un jour seulement; car ce
« qu'elle en avait, elle l'a tout usé en soi-
« gnant son fils malade. » Ne perds pas de
temps pour revenir : il faut que je m'en
sois parfumée avant de me rendre à une
représentation théâtrale chez les dieux. »

Alors mieux que jamais Psyché sentit qu'elle touchait au terme de sa destinée; et rejetant toute illusion elle comprit qu'on l'envoyait à un prompt trépas. Comment le mettre en doute, puisque de ses propres pieds on la forçait à se rendre d'elle-même dans le Tartare et chez les Mânes? Sans hésiter, elle se dirige vers la première tour élevée qu'elle aperçoit, pour se précipiter de cette hauteur. N'était-ce pas la voie la plus sûre pour descendre aux Enfers? Mais la tour laissa soudainement échapper ces paroles : « Pourquoi, pauvre petite, chercher la mort? Pourquoi devant ce dernier péril et cette nouvelle épreuve succomber sans réflexion? Si votre âme est séparée de votre corps, vous irez bien, il est vrai, au fond du Tartare, mais par aucun moyen vous n'en pourrez revenir. Écoutez-moi : Lacédémone, noble cité de l'Achaïe, n'est pas loin le Ténare y touche, caché dans des sentiers peu connus. Cher-chez-le : c'est un soupirail des demeures de Pluton, et ses portes béantes montrent aux yeux une route où nul ne porte ses pas. Quand vous aurez franchi ces limites,

vous arriverez en ligne droite au palais
de l'Orcus. Mais, avant tout, ne vous avan-
cez pas les mains vides au milieu de ces
ténèbres. Portez dans chacune des gâteaux
de farine d'orge pétris avec du miel, et
ayez aussi deux pièces de monnaie dans
votre bouche. De plus, quand vous aurez
fait une bonne partie du chemin qui conduit chez les morts, vous atteindrez un
âne boiteux, chargé de fagots, et son con-
ducteur, boiteux aussi. Il vous priera de
lui tendre quelques brins tombés de sa
charge ; loin de lui répondre un seul mot,
passez sans ouvrir la bouche. Bientôt vous
arriverez au fleuve des morts. Caron exige
avant tout un prix pour le passage, et, à
cette condition seule, transporte les voya-
geurs dans sa barque aux flancs recousus.
(Faut-il donc que chez les morts eux-mêmes
vive l'avarice ! que ce nocher, que le grand
Pluton, ne fassent rien pour rien ! Faut-il
qu'en mourant le pauvre doive se procurer le prix du voyage, et que, s'il n'a sa
pièce de monnaie à la main, on ne lui per-
mette pas de rendre l'âme !) A ce hideux
vieillard vous donnerez à titre de péage une

de vos pièces ; de telle manière cependant
que de sa main il la prenne lui-même dans
votre bouche. Ce n'est pas tout : pendant
que vous traverserez les ondes croupis-
santes, un vieillard mort, nageant à leur
surface, élèvera ses mains putréfiées et vous
priera de l'attirer à vous dans la barque.
Pas de pitié ! Le fleuve franchi, de vieilles
filandières tissant de la toile vous prie-
ront de leur prêter un peu les mains. Ne
vous avisez pas de toucher à leur ouvrage ;
car ce seront autant de piéges, sans parler
de beaucoup d'autres, que fera naître
la malveillance de Vénus pour que vos
mains laissent échapper au moins un des
gâteaux. Or ne croyez pas que la privation
de ces petites friandises dut être indiffé-
rente. Si vous venez à perdre un des deux,
la lumière du jour vous sera à jamais refu-
sée. En effet, vous verrez un chien énorme,
à tête triple et gigantesque, monstre immense et formidable, qui de ses aboiements
forcenés effraye sans profit les morts, aux-
quels il ne peut faire de mal. Sentinelle
vigilante postée devant le seuil même de
Proserpine, il garde les demeures silen-

cieuses de Pluton. Vous enchaînerez sa
colère en lui jetant un de vos gâteaux.
Vous irez droit à Proserpine, qui vous
recevra avec douceur au point de vous
engager à vous installer commodément
et à prendre votre part d'un excellent
dîner, mais vous vous asseoirez par terre
et ne demanderez que du pain noir. Énon-
cez le motif de votre message et, prenant
ce qui vous sera offert, revenez sur vos pas.
Jetez au chien le second gâteau, donnez la
seconde pièce au nocher et suivez votre
premier chemin pour revoir bientôt la
clarté du ciel. Mais entre tous conseils,
il en est un que je vous recommande prin-
cipalement : c'est de n'avoir pas l'envie
d'ouvrir ou de regarder la boîte que vous
porterez, ce trésor de beauté divine, caché avec un soin extrême. » Ainsi prophé-
tisa la prévoyante Tour.

Sans délai Psyché se dirige vers le Ténare. Elle a eu soin de prendre les deux
pièces de monnaie, les deux gâteaux; et
elle descend avec rapidité dans le sentier
infernal. Elle dépasse sans ouvrir la bouche
l'ânier boiteux et donne au nocher le

péage du fleuve. Elle ne tient pas compte
des instances du mort qui surnage ; elle
méprise les prières insidieuses des filandières ; d'un gâteau elle endort la rage de
l'horrible chien ; enfin elle a pénétré jusqu'à la demeure de Proserpine. Dans son
accueil hospitalier la déesse lui offre un
siége délicat, une table exquise : elle n'ac-
cepte rien ; mais s'asseyant par terre à ses
pieds et contente d'un pain de ménage,
elle accomplit l'ambassade de Vénus. On
lui remet la boîte mystérieusement remplie et bien refermée. Son dernier gâteau
donné au chien, sa dernière pièce au nocher, elle peut sortir des Enfers. Mais,
quand elle a revu avec adoration la blanche
lumière des cieux, une curiosité téméraire s'empare de son esprit. « Quoi ! dit-
elle, me voilà en possession de la beauté
des déesses ; et j'aurais la sottise de n'en
pas dérober délicatement un tant soit peu
pour moi ! Peut-être sera-ce un moyen de
plaire ainsi à l'être charmant que j'adore. »
En disant ces mots, elle ouvre la boîte : il
n'y avait absolument rien en fait de beauté ;
mais à peine en a-t-elle soulevé le couvercle,

qu'aussitôt s'en exhale une vapeur léthar-
gique, vrai sommeil de Styx, qui s'empare
d'elle, se répand sur ses membres comme
un nuage épais et assoupissant, et qui en
route même, sur le chemin, l'étend à
terre et l'y enchaîne. Couchée, immobile,
elle n'est plus rien autre chose qu'un
cadavre endormi.

Mais l'Amour, dont la blessure était en-
tièrement cicatrisée, avait recouvré ses
forces; ne pouvant supporter la longue
absence de Psyché, il s'échappe par l'étroite
fenêtre de la chambre où on le tenait captif.
De ses plumes qui s'étaient ranimées grâce
à ce repos de quelque temps, il se met à
voler à tire-d'aile près de son amante. Il
s'empresse de la débarrasser de cette influence soporifique et de renfermer de
nouveau le Sommeil dans la boîte, où
précédemment il résidait; puis, effleurant
Psyché d'une de ses flèches sans lui faire
aucun mal, il la réveille. « Voilà donc,
malheureuse enfant, lui dit-il, qu'une semblable curiosité avait encore une fois
causé la perte ! mais ne perds pas de
temps, exécute avec diligence la commis-

13

sion dont t'a chargée ma mère ; pour le
reste, moi-même j'y veillerai. » A ces
mots l'amant ailé prend son vol, et Psyché
rapporte aussitôt à Vénus le cadeau de
Proserpine.

VIII

Pendant ce temps Cupidon, dévoré d'un
excès d'amour, et craignant, à l'air cour-
roucé de sa mère, d'être livré tout à coup
à la Sobriété, recourt à ses batteries.
D'une aile rapide il parvient jusqu'à la
voûte des cieux, adresse sa supplique au
grand Jupiter, et plaide sa cause devant
lui. Jupiter alors prend de sa main les
joues délicates de Cupidon, les approche
de sa bouche pour les baiser, et lui dit :
« Vous le savez pourtant bien, seigneur
mon fils, jamais vous n'avez respecté les
prérogatives que m'accorde le consente-

ment des dieux : ce cœur où s'élaborent
les lois des éléments et les résolutions des
astres, vous le blessez de vos coups assi-
dus ; sans cesse vous le dégradez par des
intrigues amoureuses sur la terre, contrairement aux lois, à la loi Julia en particulier
et à la morale publique. Vous m'engagez
dans de scandaleux adultères, où mon honneur et ma réputation se compromettent.
Vous m'imposez des métamorphoses aussi
ignobles qu'indignes de mon auguste personne : vous faites de moi un serpent, un
oiseau, du feu, une bête sauvage, un tau-
reau. Eh bien cependant, je me rappellerai
que je suis débonnaire, que tu as grandi
entre mes bras, et je t'accorderai tout : à
charge pourtant à toi de savoir être en
garde contre tes rivaux, et à condition que
s'il y a pour le moment sur la terre
quelque merveilleuse beauté, par elle tu
me payeras de mon indulgence actuelle. »

Ayant ainsi parlé, il ordonne à Mercure
de convoquer immédiatement tous les
dieux pour une séance, et de déclarer que
si quelqu'un des Immortels fait défaut, il
encourra une amende de dix mille écus.

Grâce à cette crainte, le céleste amphi-
théâtre se remplit aussitôt; et, assis sur
son trône élevé, Jupiter s'exprime en ces
termes : « Dieux conscrits dont les noms
figurent sur les registres des Muses, vous
savez tous, à n'en pas douter, que ce jou-
venceau a été élevé de mes mains. Dans sa
première jeunesse il a eu des mouvements
d'effervescence, en raison desquels j'ai cru
devoir lui mettre un frein et le maintenir.
Voilà assez longtemps qu'il est chaque
jour la fable de l'univers, et qu'il se fait
décrier par ses adultères et ses désordres
de tous genres. Je veux ne plus lui en
laisser la moindre occasion; et, pour contenir ce libertinage de jeunesse, je veux
l'enchaîner sous les lois de l'hymen. Il a
fait choix d'une fille, à laquelle il a ravi sa
fleur. Qu'elle soit à lui, qu'il la garde;
qu'il épouse Psyché, et jouisse à toujours
de cette affection. » Tournant ensuite le
visage du côté de Vénus : « Et vous, ma
fille, lui dit-il, ne vous attristez pas. Ne
craignez rien pour la haute noblesse de
votre maison; il ne s'agit pas d'une al-
liance mortelle; le mariage ne sera ni dis-

proportionné ni illégitime; vous pourrez y figurer juridiquement : je m'en charge. » Aussitôt il ordonne à Mercure d'aller enlever Psyché, et de l'amener dans les cieux. Lui présentant une coupe d'ambroisie : « Prends, Psyché, lui dit-il, et sois immortelle. Jamais Cupidon ne se dégagera des liens qui l'attachent à toi; je vous unis ici à jamais par les nœuds du mariage. »

A l'instant un magnifique repas de noce se présenta aux regards. Sur le lit d'honneur était couché le mari, tenant Psyché dans ses bras; de même Jupiter avec sa Junon; puis ensuite tous les dieux dans leur ordre. Bientôt circula le nectar, qui est le vin des Immortels. A Jupiter c'était le jeune berger, son échanson, qui présentait la coupe; les autres dieux étaient servis par Bacchus. Vulcain cuisinait aux fourneaux; les Heures empourpraient tout de roses et d'autres fleurs; les Grâces répandaient le baume; les Muses faisaient entendre leurs voix sonores. Apollon préluda sur sa cithare; Vénus, aux doux accords de la cadence, exécuta des pas gracieux après s'être ainsi composé son orchestre : les Muses chantaient en chœur, un Satyre jouait de la flûte, et un élève de Pan accompagnait avec le chalumeau. C'est ainsi que Psyché passa juridiquement sous la puissance de Cupidon ; et il leur naquit au bout de neuf mois une fille, que nous appelons Volupté. »

NOTICE

BIBLIOGRAPHIQUE

ÉDITIONS D'APULÉE

La première édition d'Apulée fut imprimée à Rome en 1469, sur l'ordre du cardinal Bessarion et par les soins de J. André, évêque d'Aléria. Elle parut sous ce titre :

— *Apuleius (Lucius) Metamorphoseos liber, ac nonnulla alia opuscula ejusdem; nec non epitoma Alcinoi in disciplinarum Platonis (librum). Anno M CCCC LXIX. Roma, per Conradum Sweynheym et Arnoldum Pannartz, in domo Petri de Maximo, in-folio.*

Les exemplaires en sont fort rares; la bibliothèque impériale de Vienne en possède un sur vélin qui provient de la bibliothèque de Saint-Marc de Venise. On en trouve un second dans celle de l'université de Leyde. Un troisième, à la vente La Vallière, a atteint le prix de 1520 fr. Cette édition a le mérite d'offrir un texte exempt des corrections hasardées que présentent la plupart de celles qui ont paru depuis.

14

Ce livre eut aussitôt un grand succès et fut réimprimé dans presque toutes les villes de l'Italie et des autres États de l'Europe. Voici quelles sont les éditions les plus importantes :

Apuleii Lucii opera, cum epistola dedicatoria Joannis Andreæ, episcopi Aleriensis ad Paulum II. Vicentiæ, per Henricum de Sancto, Urso, 1488, in-folio.

— *Apuleii, etc., Venetiis, per Philippum Pencium, 1493, in-folio.*

— *Apuleii Metamorphoseos libri XI et alia opuscula, cura Mariani Tuccii. Florentiæ, Ph. de Giunta, 1512, in-8°.*

Une des premières éditions où figure le lis marque des Giunte. Elle s'est vendue 11 florins, chez Meerman.

— *Apuleii Asinus aureus, cum commentariis Ph. Beroaldi. Impressum Lutetiæ, expensis Ludovici Horken et Gottfredi Hittorpii, industria vero Johannis Philippi, 1512, in-folio.*

Édition estimée, dont un exemplaire sur vélin se trouve à la bibliothèque de Moulins. Le commentaire de Béroalde, auquel était joint le texte d'Apulée, avait paru à Bologne sous ce titre :

— *Commentarii a Ph. Beroaldo conditi in Asinum aureum L. Apuleii. Bononiæ, Bened. Hectoris, 1500, in-folio.*

Il fut réimprimé à Venise l'année suivante et plusieurs fois depuis.

— *Apuleii Lucii Metamorphoseos, sive Lusus*

asini libri XI, Floridorum IV, de deo Socratis
I, etc., cum isagogico libro Platonicæ philoso-
phiæ, per Alcinoum, grecce. Venetiis, in ædibus
Aldi et Andreæ soceri, 1521, petit in-8°.

Les beaux exemplaires de cet Alde sont rares,
on en a vendu un 75 fr. chez Meerman.

Le texte grec d'Alcinoüs, qui occupe les 27 der-
nières feuilles du volume, se trouve quelquefois
séparément.

— Apuleii opera, etc., a Bern. Philomathe;
Florentiæ, 1522, in-8°.

— Apuleii opera, etc., Basileæ, apud Henricum Petrum, 1533 et 1560, 3 vol. in-8°.

Il y eut encore, au XVIᵉ siècle, une édition
remarquable d'Apulée qui parut à Lyon, chez
Jean Louveau, 1558-1580, in-16.

Les principales éditions données pendant le
XVIIᵉ siècle sont les suivantes :

— Apuleii opera omnia, cum Phil. Beroaldi,
Stewechii et aliorum notis; ex edit. J. Casau-
boni, Lugduni, Ant. de Harsi, 1614, 2 vol in-8°.
Assez estimée.

Celle qui fut publiée à Paris en 1648, in-8°;
avec les figures de Michel Lasne. Apuleii (L.)
Metamorphoseos libri XI, cum notis et amplissimo
indice Jo. Pricœi : accessit ejusdem index alpha-
beticus scriptorum qui in Hesichii græco vocabu-
lario laudantur. Gouda, Van der Hœve, 1650,
in-8°. Frontispice gravé. Elle fait partie de la
collection des variorum. Bien qu'assez commune,

on l'a poussée dans certaines ventes jusqu'à 60 et même 75 fr.

Apuleii opera, interpretatione et notis illustravit Julianus Floridus, in usum Delphini. Parisiis, 1688, 2 vol. in-4°. L'une des meilleures de cette collection ; elle a atteint 60 fr. à la vente Larcher.

Pendant le XVIII° siècle, on ne trouve à signaler que quatre éditions :

— *Apuleii opera... Altenburgi,* 1778-1780. Deux charmants volumes in-12, avec un recueil de variantes.

— *Apuleii opera omnia, cum notis integris P. Colvii, J. Wowceri, Godeschalci, Stewcchii, Ererhati Elmenhorstii et aliorum, imprimis cum animadversionibus ineditis Fr. Oudendorpii. Lugduni, Batavorum, Luchtmans,* 1786-1823. 3 vol. in-4°.

Cette édition de Leyde est la meilleure et la plus complète des œuvres d'Apulée. Le premier volume, contenant *l'Ane d'or* est enrichi d'une savante préface de D. Ruhnkenius. C'est à Jean Bosscha que l'on doit la publication des tomes II et III, si longtemps retardée.

— *Apuleii opera... Strasbourg et Deux-Ponts, chez Treuttel et Wurtz,* 1788, 2 vol. in-8°.

— *Apuleii Metamorphoseon libri XI. Paris, Renouard,* 1796. 3 vol in-18.

Enfin les deux principales éditions du texte d'Apulée imprimées depuis le commencement de ce siècle sont celles de Londres, chez Valpy, 6 vol. in-8°, qui fait partie de la collection des classiques latins *in usum Delphini*, publiée par cet éditeur anglais (Notre compatriote Philarète Chasles, alors employé dans cette maison, a donné des soins à la publication), et celle de Leipsig qui a paru sous ce titre :

— *Apuleii opera omnia commentariis illustravit, prolegomenis et indicibus instruxit G. Fr. Hildebrand. Lipsiæ, sumptibus C. Cnoblochii, 1842, 2 vol. in-8°.*

Elle est moins estimée que celle de Leyde.

ÉDITIONS PARTICULIÈRES DE L'ÉPISODE DE PSYCHÉ

La *Fable de Psyché* a été maintes fois imprimée à part. Les deux plus remarquables éditions de ce joli conte sont :

— *Psyches et Cupidinis amores, ex Apuleio. T. Petronii matrona Ephesiaca. Paris, Renouard, 1796, in-18. Fig. de Coiny.*

Il n'a été tiré de cet ouvrage qu'une centaine d'exemplaires dont plusieurs sur papier de Hollande, quatre sur papier rose et un sur vélin. Ce dernier, format in-12, orné des 18 dessins originaux de Coiny et de gravures de Moreau, s'est vendu 120 fr.

— *Fabula de Psyche et Cupidine; recensuit et edidit J. C. Orelius. Turici, 1833 in-8°.*

TRADUCTIONS FRANÇAISES
DE L'ANE D'OR

On ne pourrait manquer de traduire un livre si intéressant, et nous n'avons que l'embarras du choix parmi les traductions et imitations nombreuses qui en ont été faites. Contentons-nous de signaler :

— *Lucius Apuleius de l'asne doré, autrement dit de la couronne Cérès, contenant maintes belles histoires, etc., translaté de latin en françois, par Guillaume Michel, dit de Tours. 1517, Paris, veuve de Jehan Janot, rue neuve Notre-Dame, à l'enseigne de Saint Jean Baptiste, in-4° gothique, avec figures en bois.*

Il en fut publié une édition l'année suivante, petit in-folio, chez Galliot du Pré, au pont Notre-Dame, à l'enseigne de la Gallée. Le privilége est daté du 5 juillet 1518.

— *Métamorphose, autrement l'Ane doré de L. Apulée de Madaure, traduite du latin par George de la Bouthière, Autunois. Lyon, Jean de Tournes et Guil. Gazeau, 1553 et 1556, in-16. Avec* 65 gravures sur bois et un titre qui porte cette légende : *Quod tibi fieri non vis, alteri ne feceris.*

Une autre traduction, celle de J. Louveau, fut publiée dans la même ville en 1553, 1559 et 1580 et reproduite à Paris en 1570, 1584, par Claude Micard, 1586, 1602 ; in-16 avec figures.

*Apulée, L'Asne d'or, ou les Métamorphoses,
œuvre de très-galante invention, de très-faoé-
tieuse lecture et de singulière doctrine. Paris,
L'Angelier*, 1612, *in-12.*

Édition non mentionnée par Brunet. Elle est
ornée de 2 fig. en taille-douce par Thomassin.
Au dire de Bayle, la traduction est, comme la
suivante, de J. de Montlyard qui, dans une préface assez longue, y relève plusieurs fautes de
Jean Louveau.

— *Les Métamorphoses, ou l'Ane d'or de L.
Apulée, philosophe platonique. Œuvre d'excellente
invention et singulière doctrine. Traduit par J. de
Montlyard. Paris, Samuel Thiboust, au l'alais, en
la galerie des Prisonniers*, 1623, 1631 *et* 1633;
in-8° réglé, figures de Crispin de Pas.

Édition estimée dont un exemplaire s'est vendu
90 fr. en 1857.

Chaque planche représente un ou plusieurs
épisodes du roman. Le dessinateur a choisi pour
les illustrer les scènes les plus divertissantes,
telles que l'aventure des outres, le cuvier, etc. Il
s'est inspiré du livre d'Apulée et aussi des fa-
bliaux du moyen âge. De là un mélange de fi-
nesse et de gauloiserie qui ne manque pas de
charme et qui donne à ces dessins une grande
originalité. Il est fâcheux que quelques-uns
soient trop chargés, un peu confus et parfois
même grossiers.

— *Les mêmes. Édition de Paris, Nic. et J. de*

la Coste, 1648, in-8°, avec les figures de Crispin de Pas. Quoique la traduction ait été maladroitement retouchée par les libraires, ce livre se vend encore bien.

Les Métamorphoses ou l'Ane d'or de L. Apulée, suivies du démon de Socrate. Traduit par l'abbé Compain de Saint-Martin. Paris, Brunet, 1707 ou 1745, 2 vol. in-12, avec figures.

Elle a été reproduite sous le titre de : *Les Métamorphoses, ou l'Ane d'or, Francfort et Leipsick, 1769, 2 vol. in-8°.*

On en a publié pendant la première révolution un extrait en 2 volumes in-18, sous le titre de *l'Ane au bouquet de roses.*

Toutes les traductions de cet abbé sont peu exactes et tronquées aux endroits licencieux.

— *Les Métamorphoses, en latin et en français, traduction de Compain de Saint-Martin, retouchée par J. Fr. Bastien. Paris, Bastien, 1787, 2 vol. in-8° avec fig. reproduites d'après Crispin de Pas.* Se vend de 12 à 15 fr.

— *L'Ane d'or d'Apulée, précédé du démon de Socrate, avec le latin en regard. Traduction de J.-A. Maury. Paris, Bastien, 1822, 2. vol. in-8° avec 42 figures ;* vaut 15 ou 16 fr.

La même traduction, revue et corrigée. Didier, 1834, 2 vol. in-18 avec 2 fig.

— *Apulée, traduction nouvelle par V. Bétolaud, 4 vol. in-8°. 1835-1838;* 28 fr. Fait partie de la collection Panckoucke.

— 113 —

Pétrone, Apulée, Aulu-Gelle. Œuvres complètes, avec la traduction en français, publiées sous la direction de M. Nisard, in-8°. Dubochet, 1842, 15 fr.

La traduction d'Apulée de la collection Nisard, qui est due à Aulard et à Savalète, a paru aussi chez Didot.

Apulée, œuvres complètes. Traduction V. Bétolaud, revue et corrigée, 2 vol. in-18, 1861 et 1873. Chez Garnier frères, 7 fr.

Fait partie de la bibliothèque latine française.

— *Contes merveilleux tirés d'Apulée*, in-16. Hachette, 1853. 1 *fr.* 50. Bibliothèque des chemins de fer.

— *L'Ane d'or, ou la Métamorphose, par Apulée.* Traduction de Savalète, préface de J. Andrieux, avec de nombreuses gravures par Racinet et Bénard, in-8°. Firmin Didot, frères, 1872 ; 20 fr.

TRADUCTIONS DE L'ÉPISODE DE PSYCHÉ

— *L'Amour de Cupido et Psyché, mère de l'olupté, en vers italiens et français, par Jean Maugin, dit le petit Angevin Paris, chez Jeanne de Marnef, veuve de Denis Janot, avec cette singulière devise* NUL NE S'Y FROTTE. 1546, in-16, *avec fig. en bois. A la fin du volume se trouve* LE PLAINT DU VAINCU D'AMOUR.

Ce joli livre, qui devient fort rare, est orné de charmantes vignettes que l'on attribue, peut-être sans fondement, à Bernard Salomon, dit le Petit Bernard et qui seraient la copie des 32 planches gravées en partie par Marc-Antoine, d'après les dessins attribués à Raphaël et qu'Antoine Salamanca publia en 1 vol. in-folio (Voir plus loin à l'article GRAVURE).

— *L'Amour de Cupido et de Psyché, mère de l'olupté, prise des V⁰ et VI⁰ livres de la Métamorphose de L. Apuléius, nouvellement historiée et exposée en vers français, par Jean Maugin.* 1586. Petit in-4°, orné d'un frontispice et de 32 planches gravées sur cuivre par Léonard Galter, d'après Raphaël. Vendu 75 fr. en 1857.

Du Verdier cite parmi les anonymes de la lettre A de la Bibliothèque française L'ADOLESCENCE amoureuse de Cupido avec Psyché outre le vouloir de la déesse Vénus, imprimée à Lyon par Fr. Juste, 1536, qui n'est sans doute qu'un extrait des 5° et 6° livres d'Apulée.

Les Amours de Psyché et de Cupidon, traduction nouvelle, avec des remarques. Rotterdam, 1734, in-12; fig.

— *Psyché et Cupidon,* épisode traduit par Blanvillain. Paris, 1797, in-8°.

La Fable de Psyché, traduite en français par Breugière de Barante, édition publiée sous la direction de Girodet par les peintres Dubois et Marchais, chez H. Didot et J.-B. Fournier. Paris, 1802, grand in-4° avec 32 figures au trait d'après Marc-Antoine.

La traduction de Brengière parut pour la première fois en 1692-1695.

L'édition de 1802 est enrichie d'une excellente dissertation de Delaunay, sur le mythe de Psyché, que tous ceux qui ont traité depuis le même sujet, tels que Michaud, Larousse, etc., n'ont pas manqué de mettre à contribution.

— *Apulée. Les Amours de Psyché et de Cupidon, traduit par L.-M. Feuillet et publié par le peintre C.-P. Landon, chez Didot. 1809. Grand in-4°.* Mêmes figures que dans l'édition précédente, avec cette différence qu'elles sont accompagnées de légendes explicatives. (Voir plus loin l'analyse de ces gravures.)

Une édition nouvelle de ce volume a paru en 1861 chez F. Didot frères, et se vend 30 fr.

— *L'Amour et Psyché, orné de vingt eaux-fortes dessinées et gravées par Frœlich, in-fol. 1863. Hetzel. 40 fr.*

— *Psyché, traduit par Victor Darelay. librairie des Bibliophiles, in-32. 1873. 3 fr.*

TRADUCTIONS EN LANGUES ÉTRANGÈRES

— *Apulegio volgare diviso in undeci libri, diligentemente corretto, con le sue fabule in margine poste, traducto per il conte Mattheo Maria Boiardo. In Venetia, per Nicolo d'Aristotele, 1518 et 1519, in-8°.*

Édition rare, ornée d'un grand nombre de figures en bois.

Elle a été reproduite à Venise par Tacnino da Trino en 1523, petit in-8°, et dans la même ville en 1544 et 1549 par Bartholomeo detto l'Imperadore.

Une autre traduction donnée à Venise par Agnolo Firenzuola chez Gab. Giolito en 1550, in-12, est fort estimée. On a su gré à ce Florentin d'avoir substitué bon nombre de ses propres aventures à celles du Lucius d'autrefois. Loin de regarder cette façon de traduire comme une trahison, les Italiens ont donné à Firenzuola le surnom d'Apulée toscan.

Sa traduction a été reproduite à Florence en 1556, petit in-8° avec figures, et en 1598 in-8°, par les Giunte et réimprimée à Paris par Pissot en 1781, in-8° et in-4°.

— *Psyché e Cupidon favola, fidelmente expressa in italiano per J.-F. Blanvillain. Paris, 1799, in-12.*

Il existe encore en cette langue deux autres versions de *l'Ane d'or*, l'une de Jérôme Parabosci. Venise, 1601, in-4°, et l'autre de Pompeo Visani, 1607, in-8°.

La plus ancienne traduction espagnole, attribuée à Diego Lopez de Cortegana, archidiacre de Séville, parut dans cette ville en 1513, format in-fol. gothique de 72 feuilles à 2 colonnes sous ce titre :

— *Libro de Lucio Apuleio de l'Asno de oro.*

Une seconde traduction, due à Pedro Tovan, parut en 1536 à Zamora chez Tomaris; elle fut rééditée dans la même ville en 1539. In-fol.

Celles qui sont venues ensuite, ayant paru après la publication de l'Index qui prohibe les traductions de *l'Ane d'or*, sont forcément expurgées et incomplètes. La plus connue a été donnée à Madrid en 1605, in-8°.

En allemand nous rencontrons d'abord celle de Nic. de Wyle. *Ein hübsche history von L. Apuleius in gestalt eines esels vervandelt. Strasburg, Grüninger*, 1499, in-4°. Avec fig. en bois.

Une autre traduction avec fig. en bois parut in-fol. à Ulm en 1480. Une troisième parut à Augsbourg en 1538, in-fol. avec 79 bois gravés par Hans Schäufflein sous ce titre :

— *Ain schön lieblich auch Kurtzweilig Gedichte Lucii Apuleii, von ainem gulden esel;* elle est de J. Sieder, qui la republia à Francfort en 1605.

Celle d'Aug. Rode, l'une des plus répandues forme 2 vol. in-8° et parut à Dessau en 1783.

La première traduction anglaise est de W. Adlington et fut imprimée par H. Wykes en 1566, in-4°. Elle a été reproduite à Londres en 1571.

Une des plus répandues est celle qui a pour titre : *The Metamorphosis, or golden Ass, and philosophical works, translated by Thomas Tay-*

lor. *London*, 1822, *in-8°*. Elle se vend 10 fr. et même davantage sur grand papier.

Pour ne rien omettre, citons encore les traductions flamandes publiées, l'une à Harlem en 1636 et l'autre à Anvers en 1669, toutes deux in-12.

Enfin l'épisode de Psyché a été traduit en suédois, — *Then undershienne Psyche, utaf Apuleio Madaurense, etc., par Martin Nyman, consul à Stockholm. Upsal, 1666 et Hulm, 1690. in-8°.*

APOLOGIE, COMMENTAIRES, ETC.

« Quand un romancier nous a donné une telle histoire que Psyché, on n'est guère en droit de lui faire de querelle; on lui passe beaucoup et on le remercie, surtout quand il a joint tout auprès tant d'historiettes familières et piquantes qui n'ont nullement besoin qu'on leur pardonne. Heureux le roman, fût-il illégal, où il y a de la vérité et qu'a visité la grâce! » Tel est le jugement définitif que porte sur *l'Ane d'or* un grand critique de nos jours. Mais, avant d'en venir là, que de discussions et de chicanes! Il a fallu que les érudits prissent en main à chaque instant la défense de ce Romain d'Afrique, né sous Trajan et qui nous a conservé tant de bons contes que l'on chercherait en vain autre part que chez lui.

Déjà, de son vivant, lui-même avait eu à se défendre contre les parents de sa femme Pudeutilla, dont ils l'accusaient d'avoir suborné le cœur par des sortiléges et enchantements. Pour les convaincre de calomnie, il eût suffi à Apulée de raconter combien il avait eu peu de succès dans le monde. En effet, avec tout son art magique, bien qu'il fût de bonne maison, bien élevé et que son éloquence fût estimée, il ne put jamais parvenir à aucune magistrature. Mais il ne se contenta pas de cette preuve et, devant les juges, il prononça un plaidoyer qui confondit ses accusateurs, malgré les artifices que leur mauvaise foi avait mis en jeu pour le perdre.

Cette apologie d'Apulée, sous le titre de *Oratio de Magia*, que l'on divise quelquefois en deux discours, a été imprimée séparément à Heidelberg en 1594, in-4°; à Leyde en 1607, in-8°, avec les corrections de J.-Meursius; à Hanovre, la même année, in-8°, avec un commentaire de Scipion Gentilis, et à Paris en 1635, enrichie des notes de Priscreus, sous ce titre :

— *Apuleii apologia, recognita et nonnullis notis ac observationibus illustrata à Jo. Pricæo in-4° avec fig.*

Édition estimée et qui n'est pas trop chère. Ce fut Jean Bourdelot qui la fit imprimer à ses frais. Déjà Isaac Casaubon en avait donné une chez Commelin en 1594.

Mais c'est l'épisode de Psyché qui a exercé surtout l'imaginative des commentateurs. Ils ont à toute force voulu voir un mythe, une allégorie et trouver des sens profonds ou mystérieux dans ce conte de vieille femme uniquement destiné à divertir une belle enfant et à l'empêcher de pleurer. On sait que le mot grec ψυχή signifie *âme* et désigne aussi ce *papillon* qui, pendant les soirées et les nuits d'été, se plaît à voltiger autour de la lumière et souvent y brûle ses ailes. De là mille explications métaphysiques, tourmentées et forgées après coup. La plupart des glossateurs ont prétendu que Psyché représentait l'âme humaine qui, exposée ici-bas à l'erreur dans la prison du corps, ne peut s'élever à la vue supérieure des choses et aux vraies jouissances, qu'à la suite d'épreuves et de purifications. Toutes ces théories sont exposées dans la *Symbolique* de Creuzer, traduite par Guigniaut. On les retrouve en partie dans le livre suivant :

— *Recherches philosophiques sur le sens moral de la fable de Psyché et de Cupidon, par le marquis de Romance-Mesmon. Hambourg.* 1792, in-8°.

Ce volume renferme une traduction du célèbre épisode, plus élégante que fidèle et défigurée, ainsi que les *Recherches*, par beaucoup de fautes typographiques.

C'est au même ordre d'idées qu'il faut rapporter encore certains poëmes italiens ou français tels que :

— *La Psiche, in versi, dello signore Giuseppe Cantelmo, primo duca di Popoli. Aquila, G. Cacchio, in-4°,* 1566.

— *La Psiche di Hercole Udine, con una breve
Allegoria di Angelo Grillo. Venetia,* 1599, *in-8°*.

— Ψυχή, *recueil de poésies par Th. Carlier.
Paris,* 1839, *in-8°, chez Ledoyen*. Sous le même
titre, M. Jules Favre a fait imprimer (1864) un
petit recueil de pièces, dont la poésie naturelle,
coulant de source, a quelque chose de la fraîcheur d'une fontaine rustique.

— *Psyché, poème, par Victor de Laprade,
Labitte,* 1851, *in-18.* Réédité par les frères Lévy
avec les *Odes et Poèmes,* 1847, *in-12.*

Il y a dans cet ouvrage un vrai talent de
poëte, mais le plaisir en est gâté par la métaphy-
sique et par le mélange des dogmes catholiques
au mythe païen.

Apulée, en sa riante invention, n'avait pas
songé à tout cela. Le conte gracieux qui de la
molle Ionie a, grâce à lui, filtré jusqu'à nous, est
un produit spontané du génie humain enfant ou
adolescent, né dans l'âge heureux où éclosent ces
fleurs d'or de l'imagination, sans que la théolo-
gie ni la philosophie aient besoin de présider à
leur berceau.

IMITATIONS DE PSYCHÉ.

Qui n'a lu le ravissant poëme inspiré à La Fontaine par la fable d'Apulée? En ces deux livres
mêlés de prose et de vers, le naïf et malicieux
conteur s'égaie et répand sur toutes ces aventures

une fine et douce fronte. Nous n'en citerons que ce qu'il dit de l'amour :

Sans cet amour tant d'objets ravissants,
Lambris dorés, bois, jardins et fontaines
N'ont point d'appas qui ne soient languissants,
Et leurs plaisirs sont moins doux que ses peines.

Parmi les nombreuses éditions de cette œuvre charmante, il faut indiquer :

— *Les Amours de Psyché et de Cupidon, avec le poëme d'Adonis. Paris, Cl. Barbin et Thierry,* 1669. *Petit in-8°.* 100 fr. à la vente De Bure aîné.
Reproduit dans le format in-12 à la Haye en 1700, chez Adr. Moetjens, avec fig., et en 1714.

— *Les mêmes. Paris, Defer de Maisonneuve (impr. de Didot jeune); gr. in-4° avec fig. en couleur d'après les tableaux de Schall. Se vend de* 30 à 40 *fr.*

— *Les mêmes. Paris, Didot jeune et Saugrain,* 1795, *et* 1797, *in-4°, avec le portrait de La Fontaine par Audoin, d'après Rigaud et 8 vignettes de Moreau.* Elles composent la plus jolie série de sa seconde manière. L'ex. sur vél. contenant les dessins originaux s'est vendu 1020 fr. Un autre ex. contenant les fig. de Moreau avant la lettre et les eaux-fortes, 1100 fr.
Ces fig. de Moreau ont été plus tard réduites au format in-18 par Delvau.

— *Les mêmes. Paris, Didot aîné,* 1797; *in-4°, avec 5 grav. de Tardieu, d'après Gérard.*

— *Les mêmes. Paris, Saugrain,* 1797; 2 vol. in-12 *et* in-18, *avec fig. d'après Moreau.*

— *Les mêmes. Paris, Bleuet (Impr. de Didot ainé),* 1800; 2 vol. in-12, *avec* 9 *grav. de Coiny, d'après les dessins de Moreau.*

— *Les Amours de Psyché et de Cupidon, suivies des poëmes d'Adonis, de la Captivité de saint Male et du Quinquina. Stéréotype d'Herhan. Paris, de l'impr. des frères Mame.* 1810, *petit* in-12.

— *Les Amours de Psyché et Cupidon, lithographiés d'après les dessins de Raphaël, par Bouillon, Châtillon, Fragonard, etc.*

Édition ornée du poëme de La Fontaine. Paris. Castel de Courteval, 1825, in-fol.; avec 33 planches.

Le poëte russe Boydanovitch, né en 1743, a imité avec succès le délicieux récit de La Fontaine.

A la fin du XVIII° siècle, Demoustier, auteur des *Lettres à Émilie sur la Mythologie,* a voulu aborder ce sujet délicat et l'a traité avec plus de recherche et d'esprit que de sentiment.

> Tout à coup, au milieu des ombres de la nuit,
> Les rideaux s'ouvrent à grand bruit.
> Psyché sent une main, frissonne et la repousse.
> « Ah ! que le monstre a la main douce ! »
> Réfléchit-elle; hélas ! que n'est-il aussi doux !
> Mais une voix plus douce encore
> Lui dit : « Psyché, c'est moi qui vous adore,
> Et que l'amour vous donne pour époux. »

— Puisque le ciel le veut, dévorez-moi, dit-elle ;
    Me voici. — Moi, vous dévorer ?
Moi, votre amant soumis ; moi, votre époux fidèle !
    — Hélas ! comment puis-je espérer
Ces procédés d'un monstre ! — Un monstre, quand il aime,
    Tout monstre qu'il est, s'embellit.

Aucune de ces imitations ne vaut le récit primitif ; toutes sont plus ou moins froides par quelque endroit ; un peu de langueur et d'ennui s'y glisse. Même après tant d'essais et de retouches, le récit d'Apulée reste encore, aux yeux des connaisseurs, le plus agréable et le plus vif.

Citons encore sur le même sujet :

— *La Psyché de village, comédie en 5 actes, par Guérin*, 1705.

— *PSYCHÉ, poëme en 8 chants, par l'abbé Aubert, Paris, Moutard*, 1769.

— *L'Amour et Psyché, poëme par Serieys*, 1789, in-12.

— *Psyché, fable morale en 5 actes, en vers, avec chœurs et prologue. Agen, Pomaret*, 1599, in-12.

— *Discours du ballet de la Reine, tiré de la Fable de Psyché, par Scipion de Grammont. Paris, Jean Sara*, 1629, in-12.

— *Ballet de Psyché, dansé par Sa Majesté au Louvre le 16 janvier 1656, paroles de Benserade. Paris, Ballard*, 1656, in-4°.

— *Psyché tragi-comédie et ballet en 5 actes, représenté* en 1670.

Cette dernière pièce, dont la musique est de Lulli, fut composée par Molière, Quinault et P. Corneille. On sait que le grand comédien, après avoir fait les deux premiers actes, pressé par le temps, eut recours à l'auteur du *Cid*. Celui-ci, malgré ses soixante-cinq ans, trouva des accents qui forment un admirable contraste avec les autres chefs-d'œuvre de son mâle et sévère génie. Écoutez ce dialogue amoureux :

L'AMOUR.

Le voilà, ce serpent, ce monstre impitoyable,
Qu'un oracle étonnant pour vous a préparé,
Et qui n'est pas peut-être à tel point effroyable.
Que vous vous l'êtes figuré.

PSYCHÉ.

Vous, seigneur, vous seriez ce monstre dont l'oracle
A menacé mes tristes jours,
Vous qui semblez plutôt un dieu qui, par miracle,
Daigne venir lui-même à mon secours.

Elle demande ensuite à son amant s'il est jaloux, et obtient ces beaux vers en réponse :

Je le suis, ma Psyché, de toute la nature.
Les rayons du soleil vous baisent trop souvent ;
Vos cheveux souffrent trop les caresses du vent ; etc.

Une autre *Psyché*, tragédie-opéra en 3 actes représentée le 19 avril 1678, paroles de Th. Corneille et de Fontenelle, musique de Lully, a été publiée par Baudry, 1678, in-4°.

D'ailleurs, ainsi que le disait La Motte, cette fable eût pu faire inventer l'opéra, tant elle y est propre. Outre les pièces de ce genre déjà mentionnées, nous rencontrons encore un opéra-comique, intitulé *l'Esclavage de Psyché*, puis :

— *Les Dieux, ou l'Amour et Psyché*, 3ᵉ acte du ballet de *l'Empire de l'amour*, paroles de Moncrif, musique du chevalier Brassac. Paris, Ballard, 1733, in-4°.

— *Histoire des amours de Cupidon et de Psyché*, spectacle à machines, en 5 actes, par Bazin, ingénieur, musique de Blaise. Paris, Delaguette, 1751, in-4°.

— Le délicieux Ballet de Gardel.

— *Psyché*, opéra-comique en 3 actes, paroles de J. Barbier et Michel Carré, musique de M. Ambroise Thomas, représenté le 26 janvier 1857.

— *Giralda, ou la Nouvelle Psyché*, de Scribe et d'Adolphe Adam, vulgaire opéra-comique, n'ayant plus qu'un vague rapport avec la fable d'Apulée.

L'AMOUR ET PSYCHÉ

NOTICE

ARTISTIQUE

BEAUX-ARTS.

Les divers éléments dont se compose la fable
de Psyché étaient bien faits pour toucher le
cœur et frapper l'imagination des artistes. Où
trouver ailleurs un plus délicieux mélange de
fantaisie et de sentiments vrais, un merveilleux
plus adroitement fondu dans la réalité! Cette
amourette enchantée qui se termine par le mariage d'une mortelle avec un dieu, après une
étonnante succession d'aventures diverses, devait
tenter le génie de tous les maîtres de l'art.
Aussi ne faut-il pas s'étonner que chacun d'eux
soit venu à son tour s'inspirer au mythe créateur
et puiser à la source féconde qui, après tant
d'emprunts, n'est pas tarie encore.

PIERRES ANTIQUES.

L'antiquité nous a laissé un grand nombre de
pierres où figure Psyché dans des attitudes différentes; les plus remarquables sont :

Une cornaline représentant Psyché enveloppée d'un long voile et mettant un papillon dans son sein.

Une sardoine gravée : Psyché, avec une longue robe, relevée au-dessus de la ceinture et dont elle porte la queue avec une main.

Autre sardoine : Psyché tient la torche avec laquelle elle aura l'imprudence d'examiner son amant.

Pâte de verre antique : *Cupidon et Psyché dans leur lit nuptial.*

Autres antiques : *Sommeil de Psyché ; Psyché réveillée par Cupidon ; Psyché puisant de l'eau à la fontaine du Cocyte.*

Au Vatican se trouve un bas-relief où l'on a cru reconnaître l'Amour et Psyché devant le trône de Pluton et de Proserpine.

Enfin le musée du Capitole possède un groupe de l'Amour et Psyché, justement admiré pour la grâce de la composition et la beauté des formes, que la gravure a plusieurs fois reproduit.

SCULPTURE.

Parmi les statues les plus remarquables taillées sur ce sujet depuis la Renaissance, il faut distinguer deux groupes de Canova : *Psyché et l'Amour jouant avec un papillon* et *Psyché retenue par l'Amour,* qui sont au musée du Louvre, dans

la salle qui porte le nom de Chaudet. Dans la
même salle on voit un autre groupe, Zéphyre
et Psyché, de Rutchiel;

La statue exposée par Duret au Salon de 1812;

Celle du sculpteur anglais Westmacott : Psyché soulevant le cercle de la boîte, qui est aussi
de 1812 et qui a été gravée par Réveil;

La Psyché de Milhomme (1810); les statues de
Psyché abandonnée, par Matto (1817), des Bœufs
(1845), Aug. Pajou, Carrier-Belleuse (1872);
l'Amour et Psyché, de Fr. Delaistre, qui est au
musée du Louvre, dans la salle de Houdon;

Un petit bronze de Pradier;

Le bas-relief de Henri de Triquetti (1842);

Un marbre de M. Ottin (1847), un autre de
L. Delvaux;

La Psyché endormie, de M. Ondiné (1855);

Psyché tenant la lampe fatale, de M. Peiffer
(1869-1870).

PEINTURE.

Les tableaux les plus célèbres sont ceux de :

Titien : Cupidon venant trouver Psyché endormie;

Adrien van der Werf : Psyché et l'Amour réunis dans la même couche, gravé par Van der
Bruggen. Appartient au musée d'Amsterdam;

Nic. Vleughels : Vénus ordonnant à Psyché
d'aller aux enfers, gravé par Le Bas;

17

Le Corrége et le Rembrandt, gravés par Oeser;
Van Dyck, gravé par Bernard Lens;

Un tableau d'Angélica Kauffmau, gravé par
Marcuard en 1784 et par Buchorn en 1801;

Un Rubens : *Psyché accompagnée par Mercure;*

Les Noces de Psyché et de l'Amour, de Jules
Romain;

Le Triomphe de Psyché, de Paul Brill, au musée des Offices;

Les tableaux de *Psyché regardant l'Amour
endormi,* par Ant. Molinari, au musée de Dresde;
Bellucci, à la Pinacothèque de Munich, gravé
par Valentin Green, en 1784; Ant. Coypel, à qui
l'on doit encore un *Cupidon secourant Psyché;*
N.-N. Coypel; G. Manozzi, gravé par Lorenzo;
Rubens, gravé par Hælwegh; le Guide, vendu
3,700 fr. en 1777; La Grenée, Salon de 1769, et
Belle, 1771; ces deux derniers connus par les spi-
rituelles critiques de Diderot;

Ceux de *Psyché abandonnée par l'Amour,* de
Titien, L. David, Lafond (1831), Fr. Dubois
(1857) et Glaize (1870); une *Psyché* de Greuze,
(1786); une autre d'Amaury-Duval (1870);

Un Nattier, gravé par Audran : *Psyché condamnée à démêler des grains.*

Le même sujet a été traité par François
Tunire en 1822;

Psyché et ses sœurs, de Serangelli (1810);

Le célèbre tableau de Gérard : *l'Amour embras-*

sant *Psyché*. Il a été dessiné par Cabasson et gravé par Guillaume ;

Celui de L. David : *Psyché abandonnée par l'Amour* ;

Psyché enlevée par les Zéphirs, toile ravissante de Prud'hon ;

Cupidon quittant la couche de Psyché, par Picot (1819), gravé par Aug. Bardet et par Réveil ;

Psyché recueillie par les nymphes, de Glaize (1842) ;

Un Diaz, vendu 2,000 francs en 1857 ;

Quatre tableaux de Lafitte au Salon de 1817 : *Psyché au bain*, *Psyché abandonnée*, *Psyché donnant le gâteau à Cerbère* et *Psyché sortant des enfers*.

A l'Exposition de 1859 figurèrent les esquisses de six tableaux dont M. Émile Wathier devait décorer l'hôtel du baron de Crisenoy.

A celle de 1865 on a remarqué la *Psyché aux enfers*, de Hillemacher.

Enfin M. Curzon a exposé en 1859 et 1867 une *Psyché rapportant la boîte*.

Les fresques les plus célèbres sont : celle de Luca Cambiaso, au palais Imperiali, à Gênes, représentant Psyché devant l'assemblée des dieux ; l'*Apothéose de Psyché*, fresque d'Appiani, au palais de Monza, gravée par Giuseppe Baretta ; mais surtout celles de Raphaël dans la loggia du palais de la Fornésine. On croit généralement que le grand artiste n'a fait que les cartons, abandonnant à ses élèves le soin d'achever son œuvre, qui comprend dix pendentifs, deux plafonds et plusieurs lunettes. Ces diverses compositions ont été gravées par Nic. Dorigny (1693), par Jo. Juster en 1690, par Campanella, Chigi, Frantz Schubert, etc. Au XVII° siècle, J.-B. Corneille, à Paris, décora de neuf peintures relatives à Psyché la galerie de l'hôtel du président Amelot de Bisenil.

GRAVURE.

Nous n'avons pas la prétention d'énumérer toutes les gravures qui se rapportent à notre sujet; il nous suffira d'indiquer, à la suite de celles dont nous avons déjà parlé :

Psyché curieuse, de Basan, d'après Le Moyne ;

Psyché consolée, d'Audran, d'après J.-M. Nattier;

Mercure enlevant Psyché, de Jean Muller, d'après de Vries;

Mercure et Psyché, estampe de Breughel le Vieux ;

Psyché refusant les honneurs divins, eau-forte, de Parizeau, d'après Boucher;

Les estampes de Blooteling, d'Is. Beckett, de W. Humphrys le Vieux.

Dans l'œuvre de Sébastien Le Clerc, le maître graveur par excellence du XVII° siècle, se trouvent quatre belles planches inspirées par le poétique épisode. La première représente Psyché assise sur un trône et recevant les hommages des

nymphes; la seconde nous fait assister à la
toilette de Vénus; dans la troisième on voit
l'Amour au désespoir d'avoir perdu son amante,
et la quatrième figure la cérémonie des noces.

L'abbé de Vallemont a fait de ces quatre gravures un éloge enthousiaste qui se termine ainsi :
« Apulée dit assez joliment que la beauté de
Psyché était si parfaite que les expressions de
l'éloquence humaine ne peuvent la louer suffi-
samment. Cela est fort, mais le burin de Le Clerc
a exprimé ces charmes que le pinceau de l'éloquence humaine n'a pu peindre. »

Un artiste médiocre de la fin du XVIIIe siècle,
Louis Lafitte, qui fut un habile dessinateur, a
composé encore sur l'*Histoire de Psyché* sept
dessins très-terminés, aux crayons noir et blanc;

Les *Amours de Psyché*, d'après Raphaël, 36 gravures sur acier par Réveil, avec une nouvelle
Histoire de Psyché par Lemolt Phalary (anglais
et français), Paris, 1832, in-8°. On y joint d'ordinaire les *Amours des dieux*, d'après Titien,
Annibal Carrache et Jules Romain, 18 gravures
à l'eau-forte sur acier par Réveil, avec des notes
par Duchesne aîné. Paris, 1833, in-8°;

*Psyches et Amoris nuptiae ac fabula a Raphaele
Sanctio, Romae, in Farnesianis hortis trans Tibe-
rim expressa, a Nic. Dorigny delineata et incisa,
a Jo.-P. Bellorio notis illustrata.* 1693, in-fol.

Un exemplaire colorié, sans le frontispice,
s'est vendu 220 francs.

Ce qui est plus précieux encore que ces douze
planches de Dorigny, c'est la *Fable de Psyché*,
32 estampes gravées par le Maître au Dé et
par Agostino Veneziano, d'après les dessins de
Raphaël. Il est vrai que des critiques en ont
contesté l'authenticité, sous prétexte que certaines
figures étaient trop massives et certaines images
trop licencieuses pour qu'on puisse les attribuer
au divin Sanzio. Suivant Brunet, dans l'exemplaire décrit par Cicognara, sous le n° 3450 de son
catalogue, les planches 4, 7 et 13 portent la
marque d'Agostino Romano; et l'on sait que,
quand les planches 3, 5 et 6 sont de premières
épreuves, elles doivent porter la marque de
Beatricius : cette marque ne se trouve plus dans
les épreuves avec les noms de Salamanca ou de
Villamena au bas de chaque planche.

Sans vouloir trancher une question aussi délicate, nous croyons que l'on nous saura gré de donner ici un aperçu rapide de cette série de gravures,
qui a plusieurs fois servi à illustrer les belles éditions du chef-d'œuvre d'Apulée. Voici donc l'ordre
dans lequel elles figurent dans l'édit. Didot de 1809:

1° *La vieille raconte l'histoire de Psyché*. Au
premier plan, la vieille qui narre en filant sa
quenouille ; la jeune prisonnière, en face d'elle,
écoute le récit les yeux baissés et le visage triste;
à leurs pieds, un chien couché. Le second plan
est formé par le poitrail et la tête de l'âne qui
paraît avoir des oreilles aussi fines que longues

et qui prête à l'histoire de la vieille une vive attention ;

2° *On rend à Psyché les honneurs divins.* Des vieillards et des enfants des deux sexes s'inclinent devant elle. En arrière, ses deux sœurs jalouses se confient leur ennui. Plus loin, Vénus et l'Amour sur un nuage ;

3° *Les sœurs de Psyché devenues reines.* Un roi et une reine sur leur trône ; autour d'eux, des serviteurs. Scène noble et froide ;

4° *Le père de Psyché consulte l'oracle d'Apollon.* Derrière lui, les prêtres du dieu et les victimes qu'ils vont sacrifier. Statue d'Apollon dressée sur l'autel ;

5° *Psyché conduite au rocher pour y être abandonnée.* Joli groupe de joueurs de flûte et d'enfants qui portent des torches ;

6° *Psyché enlevée par Zéphire.* Elle est mollement étendue sur un nuage qu'emporte le vent, tandis que ses compagnes restent à terre étonnées et discutant entre elles sur sa disparition ;

7° *Psyché au bain.* Quatre femmes nues dans des attitudes différentes ;

8° *Repas de Psyché.* Le peintre n'a pu suivre le texte d'Apulée qui dit qu'elle est servie par des personnes invisibles. On voit en effet les serviteurs et les musiciens et même l'Amour assis à côté d'elle ;

9° *L'Amour dans les bras de Psyché endormie.* Par terre, l'arc et le carquois. Très-beau dessin, mais licencieux. Ce qui choque surtout, c'est la figure du jeune dieu qui a l'air d'un bambin;

10° *Toilette de Psyché.* Trois servantes s'empressent autour d'elle et sont occupées à la peigner et à la parfumer;

11° *Psyché fait des présents à ses sœurs;*

12° *Les sœurs de Psyché lui conseillent de poignarder son époux.* A l'arrière-plan, rivage de la mer, barques; tout au fond, divinités sur un nuage;

13° *Psyché, près de frapper son époux, reconnaît l'Amour.* La planche comprend 3 scènes : 1° Psyché essaye sur son doigt la pointe d'une flèche; 2° sur le lit, la lampe d'une main et le poignard de l'autre, elle reconnaît Eros; 3° elle s'efforce en vain de retenir par le pied son amant qui s'envole;

14° *Psyché inconsolable de la fuite de l'Amour.* Elle est à genoux, une main sur la tête, dans l'attitude de la désolation;

15° *Psyché retourne vers ses sœurs.* Groupe de trois femmes. Au second plan, on voit le rocher d'où se précipite la sœur ambitieuse de Psyché;

16° *Vénus sur les eaux.* Groupe mythologique, gravé par C. Normand, comme tout ce qui précède;

17° *L'Amour malade reçoit les réprimandes de Vénus.* Il est sur son lit, écoutant sa mère d'un air inquiet. Groupe de trois femmes; paon qui étale sa queue. Gravé par Le Bas;

18° *Psyché se prosterne devant Cérès.* La déesse inexorable refuse de l'entendre et lui fait signe de sortir ;

19° *Psyché implore Junon.* Gravé par Boutrois ;

20° *Vénus va trouver Jupiter.* Elle est accoudée sur son char que traînent des colombes, et le dieu l'écoute avec bienveillance, ayant l'aigle à ses pieds et Mercure à côté de lui. Gravé par Le Bas ;

21° *Psyché tourmentée par ordre de Vénus.* Une femme la tire par les cheveux et une autre la frappe de verges ;

22° *Psyché fait voir à Vénus que sa tâche est remplie.* Devant elle sont les tas de grains triés par les fourmis ;

23° *Vénus ordonne à Psyché de lui apporter les toisons dorées :*

24° *Vénus ordonne à Psyché d'aller trouver Proserpine.* Peu expressif. Gravé par F. Smith, ainsi que le précédent ;

25° *Psyché passe le Styx.* Elle tient dans ses mains la boîte que Vénus l'a chargée de porter à Proserpine. Sur le rivage, l'âne et l'ânier boiteux ;

26° *Psyché apaise Cerbère ;*

27° *Psyché aux genoux de Proserpine.* Très-beau dessin gravé par F. Smith, ainsi que les précédents ;

28° *L'Amour remet à Psyché la boîte qu'elle avait indiscrètement ouverte.* Gravé par Boutrois. Têtes expressives et fort belles ;

29° *Jupiter cède aux prières de l'Amour.* On voit

18

— 138 —

Mercure qui part sur l'ordre du maître des dieux. Gravé par Le Bas;

30° *L'Amour épouse Psyché*. Assemblée des dieux. Gravé par Smith;

31° *Festin nuptial de Psyché et de l'Amour.* Des nymphes leur servent des fleurs. Gravé par M°° Daréna;

32° *Psyché et l'Amour dans le lit nuptial.* La figure du dieu est décidément trop enfantine. Gravé par Smith.

A.-J. PONS.

L'AMOUR ET PSYCHÉ

TABLE

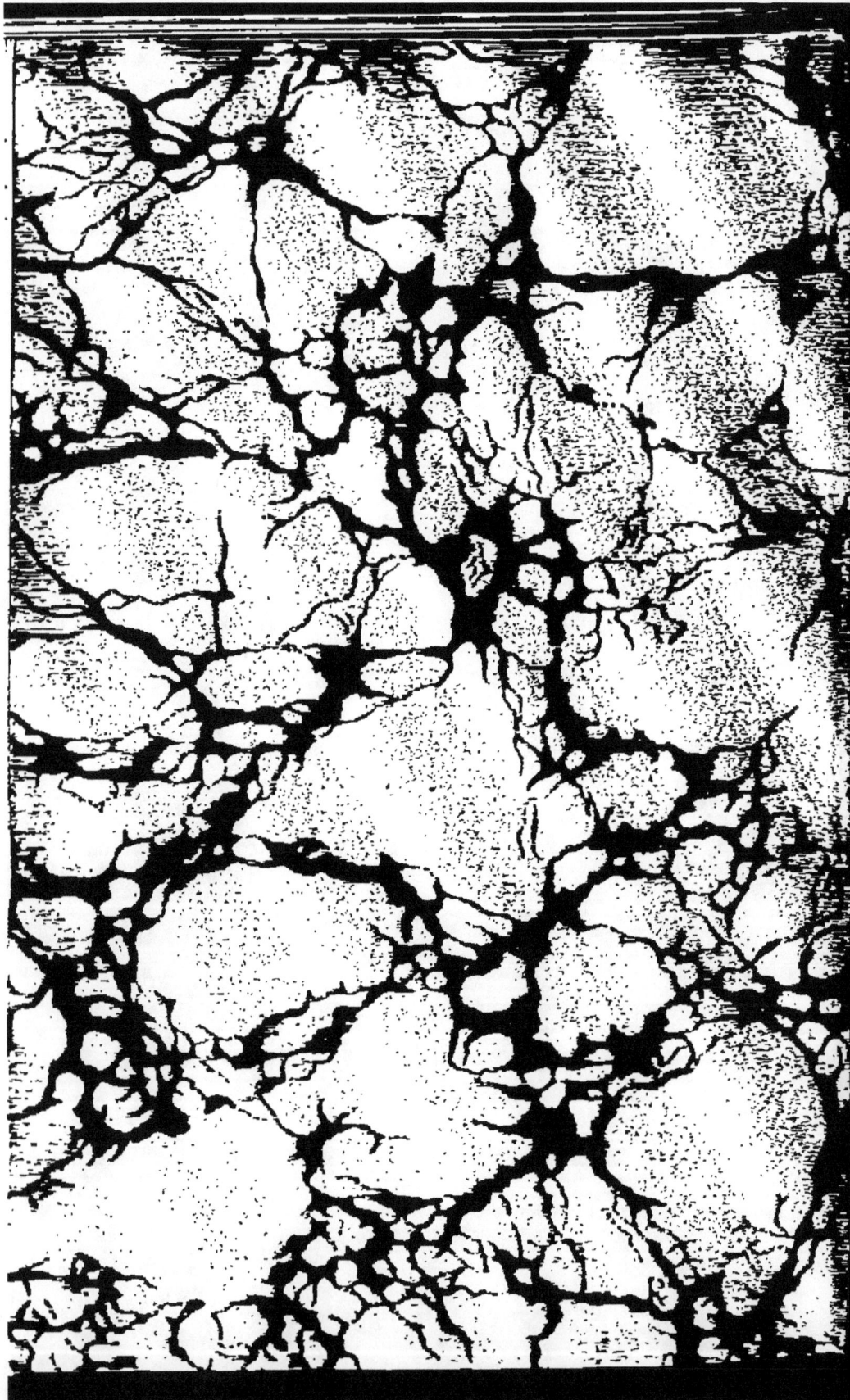

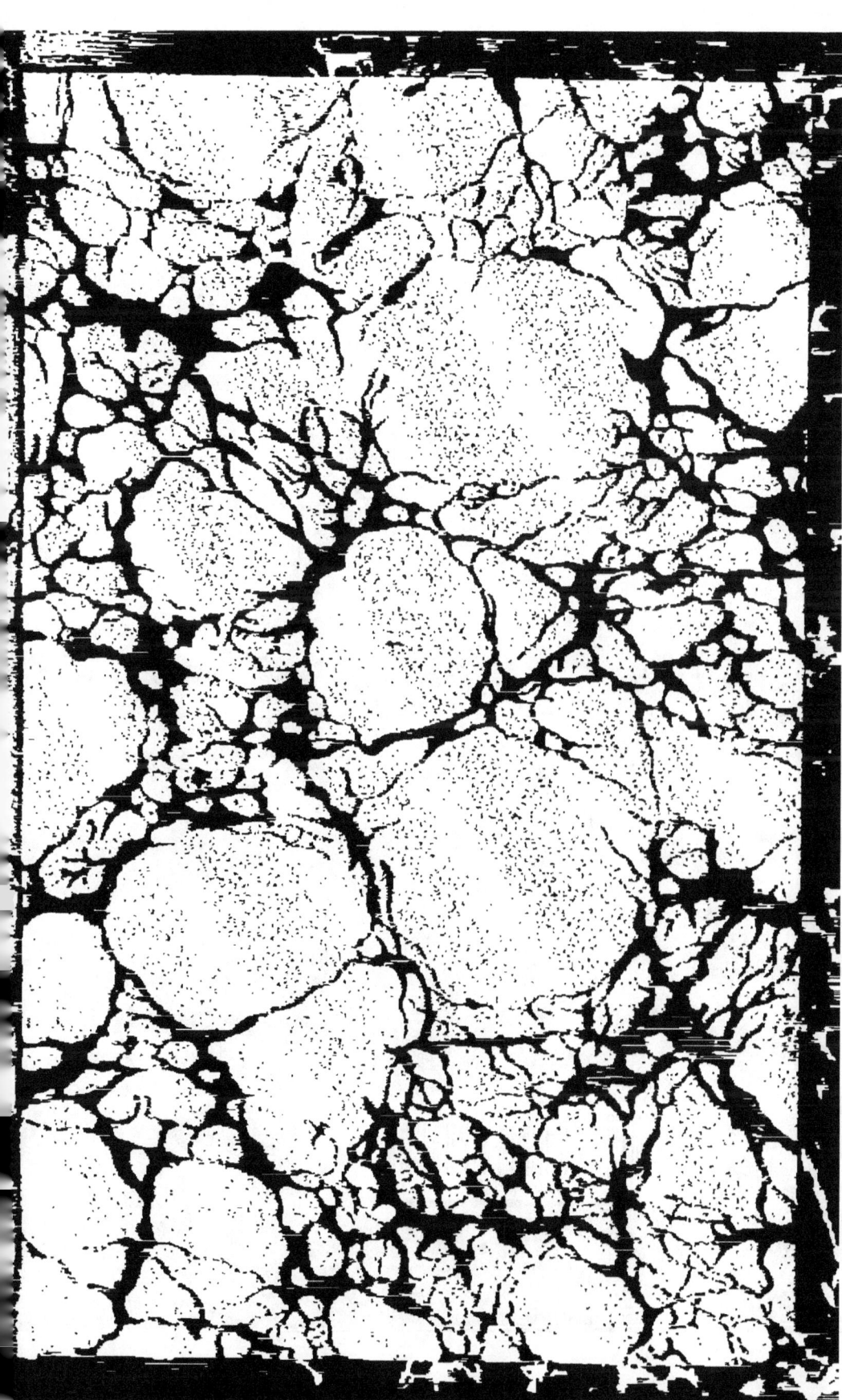

www.ingramcontent.com/pod-product-compliance
Lightning Source LLC
Chambersburg PA
CBHW050010100426
42739CB00011B/2583